马云
内部讲话揭秘

阿里巴巴与六十大道

周锡冰◎编著

海天出版社
·深圳·

图书在版编目（CIP）数据

马云内部讲话揭秘：阿里巴巴与六十大道 / 周锡冰
编著. — 深圳：海天出版社，2017.11（2018.12重印）
（创业家谈工匠精神系列）
ISBN 978-7-5507-2032-9

Ⅰ. ①马… Ⅱ. ①周… Ⅲ. ①电子商务－商业企业管
理－经验－中国 Ⅳ. ①F724.6

中国版本图书馆CIP数据核字(2017)第147646号

马云内部讲话揭秘：阿里巴巴与六十大道
MAYUN NEIBU JIANGHUA JIEMI: ALIBABA YU LIUSHI DADAO

出 品 人　聂雄前
责任编辑　南　芳　朱丽伟
责任校对　丁放鸣
责任技编　梁立新
装帧设计　知行格致

出版发行　海天出版社
地　　址　深圳市彩田南路海天综合大厦（518033）
网　　址　www.htph.com.cn
订购电话　0755-83460397（批发）　83460239（邮购）
设计制作　深圳市知行格致文化传播有限公司　Tel：0755-83464427
印　　刷　深圳市希望印务有限公司
开　　本　787mm×1092mm　1/16
印　　张　17.25
字　　数　188千
版　　次　2017年11月第1版
印　　次　2018年12月第2次
印　　数　4001—6000册
定　　价　48.00元

总序

在"大众创业，万众创新"的双创时代，政策再一次点燃了中国人民的创业激情。2015 年 6 月，国务院颁布了《关于大力推进大众创业万众创新若干政策措施的意见》，该意见指出，推进大众创业、万众创新，是培育和催生经济社会发展新动力的必然选择，是扩大就业、实现富民之道的根本举措，是激发全社会创新潜能和创业活力的有效途径。

有研究者甚至将 2015 年誉为第二个"92 创业潮"。因此，激情澎湃的创业热潮席卷华夏大地，"你创业了吗？""再不创业，你就 out 了！""世界这么大，我想去创业！"……这样的改变意味着创业已经植入中国人民的血液中。

万科创始人王石接受媒体采访时毫不讳言地表示"企业家成为新世纪的宠儿"。这位"新世纪宠儿"的言论，无疑为创业者的光环更增添了一抹诱人的色彩，也激发了更多人投入到创业者的队伍中。

最新的一项研究报告也显示，中国的创业活动正处于活跃状态，新一轮的创业高潮正在形成。然而，与此同时，中国创业企业的失败率却高达 70% 以上，企业平均寿命不足三年，七成企业活不过一年。尽管"各领风骚三五年"并非中国特有的现象，在发达国家也是如此，但是，在发达国家，创业当年就失败的新企业仅占 35%，活过五年的也能达到 30%。

创业成败固然与企业本身的因素息息相关，但是，创业环境的好坏也在很大程度上起决定性作用。借用狄更斯在《双城记》中的名言，可以说，眼下"是创业最好的时代，也是最坏的时代"。

创业最好的时代，主要是对那些准备充分、思维敏锐的创业者而言，比如说阿里巴巴网络技术有限公司（简称阿里巴巴集团）的创始人马云。2000 年 7 月 17 日，马云成为中国第一位登上国际权威财经杂志《福布斯》封面的企业家。2002 年 5 月，马云再次获选成为日本最大财经杂志《日经》的封面人物。可以说，这些殊荣不仅让马云成为一个传奇性人物，而且一下子洗掉身上曾被贴上的"骗子""疯子"和"狂人"的标签。而创业最坏的时代主要指在商品经济大潮的冲击下，许多创业者尽管创业热情很高，但由于毫无准备，结果不是投资失误，就是管理不善，甚至惨遭淘汰。

为此，马云在"西湖论剑"上多次告诫创业者："对所有创业者来说，永远告诉自己一句话：从创业的第一天起，你每天要面对的是困难和失败，而不是成功。我最困难的时候还没有到，但有一天一定会到。困难不是不能躲避，不能让别人替你去扛。多年创业的经验告诉我，任何困难都必须你自己去面对。创业者就是面对困难。"

回想创办阿里巴巴集团之初，吴晓波是这样介绍马云的："在北京失意落魄的马云决定回杭州城郊的一间民房去捣鼓他的阿里巴巴 BTOB 网站。"

这足以看出马云当初的不得志。尽管如此，马云依然带领着"十八罗汉"在杭州西湖区文一西路湖畔花园的一所普通住宅里创办了阿里巴巴集团。

初创的阿里巴巴集团注册资本只有50万元人民币，只不过是一个非常普通的小企业而已，而今的阿里巴巴集团却已是市值超过1000亿美元的超级伟大公司，创下了全球互联网融资额的最高纪录。

除了能吃苦，创业者还必须懂得如何创建自己的创业团队，不管是阿里巴巴集团创始人马云，还是巨人创始人史玉柱，抑或是新东方创始人俞敏洪，他们的团队都坚不可摧。马云甚至还扬言，没人能够挖走他的队员，足以看出马云在团队管理上的把控能力。

既然本套图书介绍马云、史玉柱、俞敏洪的创业经验，必然会涉及创业的概念，那么到底什么是创业呢？简单地说，创业就是一个发现和捕获机会并由此创造出价值的过程。这里所说的创业，是指以企业为载体，以正当地获得更多利益为目标的活动，而非开创个人政治、学术等事业的创业。

对于正在创业，或者即将创业的人来说，最好的借鉴范本就是马云、俞敏洪、史玉柱等企业家的创业经验，因为他们本身就是一本很好的创业教科书。究其原因，借鉴企业家的创业经验可以避免很多的创业陷阱。

本套书主要根据马云、史玉柱、俞敏洪的创业经验和心得，有针对性地提出投资思维、方法、技术等方面的问题，找到那些造成创业失误的根源，分享他们创业时解决问题的宝贵经验，让创业者顺利走出困境。旨在以具体事例传承投资智慧，对摩拳擦掌的创业者提出善意的建议，从而使创业者能够从中获取真正具有指导性的知识和技巧。

本系列创业图书的定位是企业培训的教材；白领的励志读物；创业者的行动指南；领导者的决策参考……

周锡冰

2017 年 4 月 10 日

推荐序

长尾、IT、互联网、关系、冒险、借势……这些关键词在过去几乎和"中国首富"这个名号根本就扯不上任何关系。

然而，2014 年的中国首富改写了这个历史，使这些关键词都得到了上台亮相的机会，首次聚集在媒体的聚光灯下。当 2014 年中国首富最终尘埃落定时，这些关键词只剩下了最后两个——长尾和互联网。

而且，当答案揭晓时，我们发现这两个关键词属于同一个人，他就是被美国《福布斯》杂志的封面故事描写为"深凹的颧骨，扭曲的头发，淘气的露齿笑，一个 5 英尺高、100 磅重的顽童模样"的马云。

马云，1964 年 9 月 10 日出生于浙江省杭州市，祖籍浙江嵊州（原嵊县）谷来镇。阿里巴巴集团、淘宝网、支付宝创始人。

2014 年 8 月 28 日，根据彭博亿万富翁指数，49 岁的阿里巴巴集团创始人兼董事局主席马云已经拥有 218 亿美元净资产，成为中国首富。

当马云成为中国首富的消息传遍世界各地时，为马云欢呼的人群中，有成千上万的淘宝店主和互联网从业人士。

为马云欢呼的人为什么是这些人呢？究其原因，马云充分地利用了互联网，毫不夸张地说，马云的胜利，就是互联网的胜利。由于马云有效地利用了长尾战略，从而开拓了一种全新的销售和购买模式，使得阿里巴巴集团成为长尾战略的实施者。

长尾这一概念是由《连线》杂志的主编克里斯·安德森在 2004 年 10 月的《长尾》一文中最早提出的，其目的是用来描述诸如亚马逊（Amazon）和网飞（Netflix）之类网站的商业和经济模式。

安德森认为，长尾理论所讲述的是经济和文化正在从为数较少的主流产品和市场，向数量众多的狭窄市场转移的现象。由此，安德森发现，小众的产品也能同主流的产品一样，具有散发出辉煌业绩的经济魅力。如把那些在传统零售业中销售量不佳的小众产品全部聚集在一个宽广的渠道平台上，将能够与已有的大型主流市场相匹敌，甚至超过大型的主流市场。

长尾与在中国红透半边天的"蓝海战略"相比，对开辟一个更为宽广的新市场做出了更为精准的说明，并被时任谷歌（Google）CEO（首席执行官）的埃里克·施密特认为是掀开了一个新商业时代的序幕。

哈佛大学商学院资深副院长史蒂文·惠尔赖特教授非常推崇克里斯·安德森，因为克里斯·安德森的长尾理论推动了一个时代。确实，长尾理论影响了整个华尔街，再从华尔街影响了诸多产业，同时也影响了中国的阿里巴巴集团公司的赢利模式。

从长尾理论的巨大作用可以看出，马云不仅为企业、淘宝店主、购买者提供了数以百万计的商品，同时还使得商品购买的成本大幅度降低，甚至有学者认为电子商务是零售模式的第四次革命。

反观历史，1852 年，世界上第一家百货商店在法国开业以来，零售业已经经历过四次零售革命。第一次零售革命是百货商店的诞生，第二次零售革命是 1859 年诞生的连锁模式，第三次零售革命是 1930 年产生的超级模式，第四次零售革命是当今的网上销售。这几次零售革命都转变了消费者的购买模式，重塑了当时的商业格局。可以肯定地说，新技术的运用无疑会激发零售业的发展，消费者的购买观念和行为也随之改变。

从 1999 年马云创立阿里巴巴集团至今，阿里巴巴集团已经成为在大中华地区、印度、日本、韩国、英国及美国 70 多个城市共有 20400 多名员工的国际化的互联网公司。截至 2012 年 11 月，淘宝网和天猫平台本年度的交易额突破人民币 10000 亿元。

不仅如此，阿里巴巴集团服务来自超过 240 个国家和地区的互联网用户，这几组数据足以看出阿里巴巴集团取得的巨大成就。

对此，本书作者周锡冰撰文评价马云说："在中国乃至全球互联网发展史上，阿里巴巴集团创始人马云值得浓墨重彩、大书特书，他不仅有效地运用长尾战略，成功地在美国上市，而且已经跻身于世界级互联网巨头的行列。"

在周锡冰看来，阿里巴巴集团不仅是中国崛起的具体体现，更是一个时代符号。当中国企业在美国股市遭遇多次黑榜时，2014 年 9 月 19 日这个晚上，阿里巴巴集团正式在纽交所挂牌交易上市，从而改写了美国投资者的看法，阿里巴巴集团的股票价格确定为每股 68 美元，其股票当天开盘价为 92.7 美元，较发行价大涨 36.32%。

事实证明，阿里巴巴集团的成功，就是马云的成功。马云成为中国首富，更是长尾理论的成功。

清华大学客座教授 汪洋

2017 年 1 月 26 日

自序

"这是一个最好的时代。"在 2012 年阿里巴巴集团的网商大会上，当时 48 岁的阿里巴巴集团创始人马云给当下这个创业时代做出了一个高度肯定的注解。

2012 年，在马云的带领下，阿里巴巴集团一系列的大手笔让研究者、媒体眼花缭乱。如 B2B（商家对商家）私有化、小贷崛起、三马合作……在众多战略布局中，影响最大的还在于阿里巴巴集团宣布已全部完成对雅虎 76 亿美元的股份回购计划。

在此次回购中，雅虎将转让所持阿里巴巴集团 40% 股份的一半，即 20% 的股份，而雅虎获得的对价总额为 76 亿美元，其中包括 63 亿美元现金、价值 8 亿美元的优先股，以及价值 5.5 亿美元的技术许可合同。对于阿里巴巴集团而言，这场旷日持久的赎身战役终于尘埃落定，其意义巨大。

这是一个最坏的时代，也是一个最好的时代。马云回购阿里巴巴集团的股权只是走出的第一步，马云的大棋局是要重构一个新的生态系统，这里不仅有业务运营，甚至还包括互联网金融。

时隔两年后，阿里巴巴集团在美国成功上市，马云成为名副其实的中国首富。从创办海博翻译社，到创办阿里巴巴集团，再到阿里巴巴集团成为全球最伟大的公司、成为美国股市历史上最大的IPO（首次公开募股）企业；从最初的普通高校教师，到中国最大的电子商务"帝国"——阿里巴巴集团的缔造者；从第一次出差去美国触网，到筹集10万元创办中国黄页网站……马云书写了一个又一个的传奇。正如同马云2012年所言："这是一个最好的时代。"

可能读者会问，马云是靠什么把阿里巴巴集团打造成被称为市值超过1000亿美元的超级伟大公司，创造了一个又一个令人不可思议的商业奇迹呢？

笔者经过几年的研究后发现，被称为市值超过1000亿美元的超级伟大公司——阿里巴巴集团，其做强做大离不开马云的梦想："无论我们多么渺小、无论我们遇到多少困难，只要我们坚持梦想，就像起跑的力量、就像腾飞的力量，这就是梦想的力量。"

一般的，绝大部分创业者在创业之初，没有太多的梦想可以实现，只不过一心想着赚钱，其目标大都比较狭窄和单一。只有当初创企业具备一定的规模和实力后，创始人才会制定科学、合理的公司战略。这种思维将导致整个企业做不大、做不强。

我们再来回顾一下马云的创业经历。在马云创立阿里巴巴集团时，创业资本只有区区50万元，然而马云却把阿里巴巴集团定位为一家全球公司。

在阿里巴巴集团的国际化过程中，马云的国际化战略是非常清晰的。主要有以下几点：

第一，起一个国际化的公司名称。为了让全世界的合作者都能记住阿里巴巴集团这个公司名称和品牌，马云在捉襟见肘的情况下毅然拿出1万美元购买阿里巴巴集团的域名。

这在中国商标保护及品牌意识极为淡薄的年代，可以称得上是惊人之举。马云这样做的初衷，就是认准阿里巴巴集团这个公司名称和品牌名字能够跨越国界，成为流行全世界的一流品牌。

第二，打造国内和国外两个价值链。不仅如此，在创办阿里巴巴集团这个电子商务网站时，马云就把阿里巴巴集团定位在"一头是海外买家，一头是中国供应商"的国内和国外两个价值链上。

这样做的好处在于，阿里巴巴集团不仅可以培育中国国内电子商务市场，而且还可以加大推广力度迅速地打开国际电子商务市场。

第三，配合国际化战略调整阿里巴巴集团的机构设置。为了配合阿里巴巴集团的国际化战略，阿里巴巴集团的机构设置也开始调整。1999年，在创办阿里巴巴集团时，马云就有意向地把阿里巴巴集团的总部放在中国香港特别行政区；然后开始在互联网较为发达的美国设立研究基地；在伦敦设立分公司；最后才在杭州建立了在中国的基地。

在马云的战略思维中，这样的战略布局不仅提升了阿里巴巴集团的知名度，同时也使得阿里巴巴集团能够高歌猛进。倘若马云没有这样的战略布局，今天的阿里巴巴集团也只不过是一个默默无闻的小网站名而已。

不可否认的是，对于任何一个企业家而言，其战略思维必须依靠企业家的使命感来支撑。因为作为伟大公司，首先要能为社会创造真正的财富和价值，能持续不断地改变这个社会。为此，马云不止一次地强调阿里巴巴集团要为社会创造价值的强烈使命感。"我们只想做一个企业，做一个企业家。企业家应该影响社会，创造财富，为社会创造价值。商人留给世人的印象就是追逐利润，而企业家则给人一种使命感。阿里巴巴集团最重要的原则之一，就是永远不把赚钱作为第一目标。"

事实证明，对于任何一个创业者而言，创业都是一个非常艰难的过程。创业者往往都非常辛苦，还可能会遭遇诸多挫折，甚至可能会创业失败。要想创业成功，不仅需要创业者具备良好的创业心态，而且还需要时刻激励自己，永不放弃。对此，马云在中央电视台《赢在中国》栏目告诫创业者："面对各种无法控制的变化，真正的创业者必须懂得用乐观和主动的心态去拥抱。当然变化往往是痛苦的，但机会却往往在适应变化的痛苦中获得。这么多年来，我已经历了很多的痛苦，所以我不在乎后面更多的痛苦，反正来一个我灭一个。"

客观地讲，而今的马云已经功成名就，可以说是一部活的创业史。在马云这部创业史中，不仅体现了马云的创业精神、战略、企业家修为等，还显示出马云在经营理念、产品定位、融资方略、客户关系管理、人才使用与培养等企业经营方面的经验。

如今，最初 50 万元注册资本的阿里巴巴集团，已经长大成为一家世界瞩目的电子商务公司。这都离不开马云的执着梦想、智慧和魄力。

周锡冰

2017 年 4 月 10 日

目录 CONTENTS

第 **1** 章

幸运垂青勇者

创业，最需要的就是胆量与勇气。因为这个世界就是这样，你要有梦想，你还要有胆量、毫不妥协的信念和实现梦想的决心和行动，才会赢，只有偏执狂才能生存。

——阿里巴巴集团创始人 马云

讲话 1：创业，最需要的就是胆量与勇气

如果你爱一个人，请带他去创业吧，因为那是一条登上天堂最好的捷径；如果你恨一个人，请带他去创业吧，因为那是被打下十八层地狱、惩罚他最好的方法。把创业视为天堂，因为创业充满了机遇与惊喜；把创业视为地狱，因为创业也充满了艰辛和无奈。

这样的境遇也好似如今的创业时代，众多的创业者贪恋着创业丰富多彩的经营管理和冒险，面对层出不穷的机会，憧憬着像苹果创始人史蒂夫·乔布斯一样能够改变世界。

但真正的创业绝非聚光灯下那么风光。我曾经采访深圳同心会的几位企业家，他们就谈及创业初期的艰难。大量创业报告显示，成千上万的创业者靠着借来的、为数不多的启动资金，维持着创业维艰的初创阶段；当融资遇阻时，为了引进 VC（风险投资），甚至不惜牺牲自己对公司的控制权；瞬间即逝的战略机会，或许以秒的速度也不一定能抢到；把某个想法落地，更是倾尽所有的运气，成功有时也可能遥不可及。

梦想与艰难共存，这才是真实的创业之路。虽然创业如此艰难，但是在"大众创业，万众创新"的双创时代，创业已经成为全民最热门

的、最时髦的、最常说的一个词语。这样的热度，激发了成千上万中国人的创业梦想。

当然，要想实现自己的创业梦想，首先就是敢于迈出创业的第一步。为此，在中央电视台经济频道《赢在中国》栏目（以下简称《赢在中国》）中，在点评创业选手时，阿里巴巴集团创始人马云分享了自己的经验。

马云说道："创业，最需要的就是胆量与勇气。因为这个世界就是这样，你要有梦想，你还要有胆量、毫不妥协的信念和实现梦想的决心和行动，才会赢，只有偏执狂才能生存。"

众所周知，作为创业名家的马云，不仅是阿里巴巴集团的创始人，一名出色的企业家，同时还是一个令创业者迷恋的创业偶像，创造了一系列的商业神话。

正因为如此，温家宝总理称赞马云说："马云是一个有理想的人，拥有一个不屈的灵魂。"

作为企业家的马云，能够得到温家宝总理的如此评价，足以证明马云在企业家群体中的影响力。正因为马云的影响力，中外媒体和教授们纷纷为马云点赞。

美国《福布斯》杂志对马云的评价可谓是赞赏有加："深凹的颧骨，扭曲的头发，淘气地露齿而笑，拥有一副 5 英尺（1.53 米）、100 磅（45千克）的顽童模样，这个长相怪异的人有着拿破仑一样的身材，同时也有着拿破仑一样伟大的志向。"

《福布斯》的观点并非唯一，英国《泰晤士报》也高度评价了马云的经营能力——"马云像中国的沃伦·巴菲特。"

不仅如此，中国香港中文大学郎咸平教授也极高地评价马云："马云是一个非常优秀的 CEO，是中国互联网的一个传奇。"

……

马云之所以能够赢得温家宝总理、外媒以及知名教授等人的一致好评，离不开他一手创建的阿里巴巴集团。今天的阿里巴巴集团，早已成为世界第一的电子商务企业。

2016 年 4 月 6 日，阿里巴巴集团正式宣布，阿里巴巴集团已成为全球最大的零售交易平台。相关数据显示，阿里巴巴集团 2016 年的营业收入达到 1438 亿元，营业利润 681 亿元。

正因为如此，马云多次登上了《胡润百富榜》，见表 1-1。

表 1-1　马云 2005~2016 年登上《胡润百富榜》的榜单

时间	财富（人民币）	排名
2005 年	30 亿元	第 4 位（IT 界）
2006 年	40 亿元	第 56 位
2007 年	50 亿元	第 144 位
2008 年	55 亿元	第 118 位
2009 年	80 亿元	第 88 位
2010 年	110 亿元	第 74 位
2011 年	100 亿元	第 109 位
2012 年	150 亿元	第 46 位
2013 年	250 亿元	第 29 位
2014 年	1500 亿元	第 1 位
2015 年	1450 亿元	第 2 位
2016 年	2050 亿元	第 2 位

上述数据足以说明，阿里巴巴集团团队能够取得今日的不俗业绩以及巨额的财富，离不开马云当初敢想敢干的创业胆量。有基于此，媒体

才把敢想敢干的创业胆量作为马云创业成功的关键因素。

一些媒体评论说："胆量是马云创业成功的'第一资本'，没有之一。"当然，媒体这样的评论是有其依据的。

当媒体采访马云，问及马云成功创业的核心优势是什么时，马云的回答就三个词："胆量，力量，功夫。"

一旦缺乏胆量和勇气，一个人的创业想法就会因为畏首畏尾而放弃，这样的群体不胜枚举。这就是为什么马云把胆量与勇气看作是支撑创业者迈出创业第一步的关键所在。在《赢在中国》栏目中，马云给创业者点评时说道："人一辈子不会因为你做过什么而后悔，而会因为你没做什么事情而后悔。"

在节目现场，为了解释胆量与勇气在创业中的作用，马云回忆了自己曾经的一次"见义勇为"经历。

在很多年前，当时的马云跟任何一个普通人一样，虽然普通得不能再普通了，但是马云却做了一件令杭州电视台非常震撼的事情。

某天晚上，马云像往常一样骑着自行车，拐进了一条较偏僻的马路。此次不同的是，马云看见六个身材魁梧的彪形大汉，正在较远的地方逐个撬起路上的窨井盖，并往一旁搬运。

马云顿时意识到，这几个人正在盗窃窨井盖。马云环顾四周，没有发现其他路人。对于瘦小的马云来说，面对一群"盗贼"实在是势单力薄。

危急之下，马云跳下自行车，对着"偷"窨井盖的六个身材魁梧的彪形大汉大吼道："把它搬回去！"

当马云一声棒喝后，这六个身材魁梧的彪形大汉居然停了手，灯光师、摄像师也出现在其身旁。

马云万万没有想到，这竟然是杭州电视台为测试市民素质，而故意导演的一场"戏"。虚惊一场的马云，竟是当晚无数往来路人中第一个敢站出来厉声制止的见义勇为者。

马云当年的这次见义勇为尽管与创业无关，但是却展现了他自身的潜质——胆量和勇气。这样的潜质让马云敢于"第一个吃螃蟹"。

在多次演讲中，马云强调，敢想敢干的创业胆量，对于创业者来说十分重要，甚至关乎创业的成败。

在马云看来，敢于把一个商业想法付诸实践，远比有成千上万个不去实现的天才想法更有价值。想当初，作为大学教师的马云，敢于辞职下海创业，其勇气就非同小可。

在当时敢于放弃公职，不仅需要勇气，更需要胆量。从这个角度来看，马云的创业成功绝非偶然，因为那是建立在胆量、智慧和勇气基础之上的，那是想法与实干相加的结果。在 2001 年第 89 届广交会阿里巴巴集团会员见面会上，马云讲了这样一段话。

1999 年 3 月，我去新加坡出席亚洲电子商务大会。当时我就发现，85% 的演讲者是美国人，85% 的听众是美国人，举的例子全是美国的。

我觉得这里面肯定有问题，我就站起来说，我也不知道问题是什么，但我觉得"亚洲是亚洲，美国是美国，中国是中国"。当时我有一个想法就是要找出一个亚洲特色，特别是中国特色的东西。

第一，我发现亚洲企业有一个特点，就是"宁为鸡头，不为凤尾"，大家都想自己做老板。

第二，互联网的特色是个性化，而不是集团化。用户是以个人为中心，而不像电子数据交换，它是一种在公司之间传输订单、发票等作业文件的电子化手段。

第三，我发现有些游客在游览长城时总喜欢在城墙上写上"××到此一游"，这表明 BBS（Bulletin Board System 的英文缩写，中文意思为"电子公告牌系统"）是亚洲人喜欢的东西。

第四，互联网时代不是信息太少，而是信息太多。所以我觉得要做一个信息精，做一个亚洲任何企业都会用的东西，为中小企业服务。美国的模式是以大企业为主，它们的工作是把自己的供应商搬到自己的网站上来，一套软件的价格达到 100 万美元。中国没有多少企业买得起 100 万美元一套的软件，即使买得起，也不一定用得好，中国企业的流程不一样。中国特色的 B2B 就是 Business people to Business people。^①

反观马云的创业，正是因为马云敢于把自己看到的商业机会付诸实践，才有了今天马云的成功。在"大众创业，万众创新"的双创时代，马云给创业者，或者即将创业的人们的启示是，在创业激情燃烧的岁月

---

①马云 . 在 2001 年第 89 届广交会阿里巴巴集团会员见面会上回答会员提问 [EB/OL].2017. http://read.dangdang.com/content_740668.

里，不仅需要挖掘潜力巨大的商机，更需要走出创业之路的第一步，因为创业，最需要的就是胆量与勇气。

阿里巴巴集团的成功，印证了马云当初的判断。一些教授和媒体盛赞马云称，马云识别商机的能力超强，有远见，1995 年就看到了互联网巨大的商业价值。

听到这样的赞扬，马云却不这样认为。在马云看来，自己只是刚好触碰到了互联网，而且把握其商机的能力较强，尤其是自己敢想敢干罢了。

马云的观点很有代表性，阿里巴巴集团能够取得今日的成功，不是整天空想就可以做到的，而是实实在在地干出来的。大量事实证明，在每一个历史阶段，有想法的人何止千万，但是真正地把想法付诸实践的人却寥寥无几。

讲话 2：创业不仅需要智慧，更需要眼光和胆量

什么样的人适合创业？我想很多人都会好奇这个问题。为了搞清楚这个问题，美国《商业周刊》杂志对美国的 15000 名成功企业家做了一个关于"什么样的人最适合创业"的调查。

调查结果很快就知晓了，这个答案就是赌徒。该杂志的编辑和记者们为这个答案感到惊诧。在被调查的企业家看来，其观点非常简单。对

于创业者来说，创业本身就是一项冒险活动。赌徒为什么适合创业呢？就是赌徒胆量大，敢于下注，想赢也敢输，因此最适合创业了。

日本企业家也持类似的观点，日本来岛船坞企业集团创始人坪内寿夫认为，创业成功必须要有足够的胆量和勇气。

在接受日本《朝日新闻》采访时，坪内寿夫说："在创业的过程中，只要大胆去做，任何事情都可以做到。但大部分人还没有去做，就说做不到，首先要除去这种心理。一旦努力作为，七成以上的成功率是跑不了的。"

在坪内寿夫看来，创业者的心理承受能力比普通人强很多。在创业过程中，由于失败率较高，不确定因素也很多，所以创业者最需要强大的心理承受能力。

在很多场合下，很多创业者都习惯性地认为，但凡创业成功的创业者，肯定是一个智商较高的人。然而，在实际的创业路上，创业不仅需要智慧，更需要眼光和胆量，以及敢想敢干的创业精神。不可否认，在创业的道路上，马云当初如果没有敢想敢做的创业胆量，那么他不可能拥有今天的成就。

为此，马云提醒那些即将创业或者正在创业的人："在创业者追求成功的道路上，第一个要素就是要有敢想敢为的胆量。"

20 世纪 90 年代，下海经商成为中国最热的词语之一。这个词语不仅冲击着传统的企业职工、政府工作人员，就连很多教育岗位上的教师，也开始涌入整个大潮中。

时任杭州电子工业学院英文及国际贸易讲师的马云，在 1995 年 4 月也跟其他中国下海经商的人士一样，砸掉"铁饭碗"，从教师的岗位上辞职了，拿着借来的 2000 美元创业资金，开办了中国第一家互联网商业公司——杭州海博电脑服务有限公司。①

马云辞职创业主要源于 1995 年的因公访美。在访美期间，马云无意间接触了互联网。敏锐的马云断定，互联网将是一个潜力巨大的创业方向。

殊不知，互联网刚刚才在美国兴起，就这样被眼光独到的马云抓住了它的商机，马云果断地"上线"中国黄页。

当马云成为第一个敢吃螃蟹的人后，其后的跟风者也闻之而动。没过多久，即 1995 年底至 1996 年初，浙江省杭州电信也看到了中国黄页的巨大商业潜力，也做了一个中国黄页。

面对杭州电信的直接竞争，马云不得不另想其他办法。为了解决竞争问题，马云在 1996 年 3 月将中国黄页和杭州电信创办的黄页合并。

由于在经营战略上存在截然不同的方向，1997 年，马云不得不转让中国黄页 21% 的股份，彻底与杭州电信分道扬镳。接下来，马云带着 5 个兄弟为中国国际电子商务中心苦干了 15 个月，由于股权问题，马云再一次选择了放弃。②

20 世纪 90 年代，"铁饭碗"观念在中国人心中根深蒂固，面对未来的诸多不确定，马云却敢于做出从杭州电子工业学院辞职下海经商的

---

① 谭古．浙商创业精神解读 [J]．科技创业，2007（1）．
② 谭古．浙商创业精神解读 [J]．科技创业，2007（1）．

决定，这样的精神实在令人敬佩。

马云敢想敢干的创业经验是值得肯定的，当然，其成功创业并非个案。中国企业家协会副会长、江苏省远东控股集团有限公司董事局主席蒋锡培的创业路径也非常类似。

众所周知，蒋锡培的创业经历丰富而坎坷——蒋锡培曾经当过修表匠，以 25 万元资金创业。如今 20 年过去了，远东控股集团的资产已经达到了 83 亿元。

蒋锡培的成功创业有什么秘诀呢？在腾讯《商业人生》栏目做客时谈到过往岁月以及蜕变经历，蒋锡培表示："其实企业家最重要的是这样几点：第一要有眼光；第二要有胆量；第三要不停止脚步；第四要有相应的能力；另外就是非常真诚的性格。"见图 1–1。

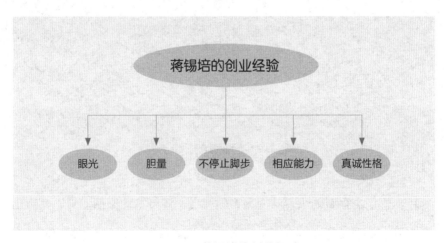

图 1–1　蒋锡培的创业经验

在蒋锡培看来，在创业过程中，不仅需要眼光，而且还需要胆量。在中国创业者十大素质中，胆量排在第八位。《科学投资》杂志通过对上千案例的研究，发现成功创业者具有多种共同的特性。于是从中提炼出最为明显，同时被认为是最为重要的十种，将其称为"中国创业者十大素质"。具体的排名如下：（1）欲望；（2）忍耐；（3）眼界；（4）明势；（5）敏感；（6）人脉；（7）谋略；（8）胆量；（9）与他人分享的愿望；（10）自我反省的能力。

这样的排名足以看出，胆量在创业中的重要作用。同时，《科学投资》杂志还研究发现，中国创业者基本可以分成以下三种类型，见图1-2。

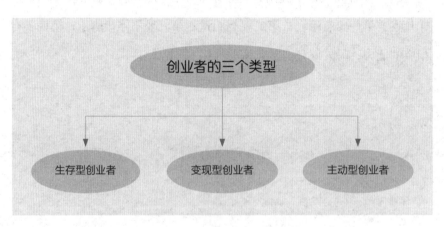

图1-2 创业者的三个类型

不管是生存型创业者、变现型创业者，还是主动型创业者，其迈出创业第一步都是需要胆量的。毕竟创业就意味着冒险，特别是在20世纪八九十年代，中国改革开放的时间不长，很多不确定因素依然存在。

据北京华夏圣文管理咨询公司在2016年做过的一项调查显示，92.85%的年轻人都有创业想法，但真正创业人的却只有12%，这样的数据值得我们探究。

可能正如一些业内专家研究的那样，创业面临着更多的困难，诸如创业环境差、投资政策缩紧、创业时机未到、好项目有限、启动资金筹集难，等等。

这些问题是客观存在的，但绝不是放弃创业的关键。从 20 世纪 90 年代中后期以来，中国政府出台了一系列帮扶政策，创业环境已有了很大的改善。

大量事实证明，那些有创业意向的年轻人不能将创业计划付诸实施的根本原因，还是源于自身缺乏敢想敢干的勇气和决心。在马云看来，"纵然有勇无谋只能做个莽夫，但有谋无勇也只能做个懦夫"。因此，对于任何一个创业者而言，特别是在 21 世纪的今天，创业仅仅只有智慧是永远不够的。

在文明程度较高的现代社会里，教育的发达和信息技术的高超让大多数人都有一定的"智慧"，但眼光和胆量，以及敢想敢干的创业精神却绝非是人人都能具有的。从这层意义上说，智慧只是创业精神的一个组成部分。

在很多场合，马云坦言："创业环境、投资政策等因素绝对不是有创业冲动的人不去实现梦想的关键因素。最重要的理由只有一个：不愿冒险、缺乏足够的敢想敢干的创业胆量。"

就算是创业想法再好、创业环境再好，如果缺乏足够的敢想敢干的创业胆量，以及务实的创业精神，那么这样的想法也永远只是想法而已。

讲话 3：创业需要勇气，创业者的心有多大，就能做多大的事情

在"我能创未来——中国青年创业行动"上，马云进行了一场主题是"梦想与坚持"的演讲。马云鼓励青年人"创业时不要只想着理想，有了想法就要去行动。如果你不去采取行动，不给自己一个实践的机会，你将永远没有机会"。

纵观历史，对于历代创业者来说，其所处的每一个时代，既是最好的时代，也是最坏的时代。不管是首富沈万三，还是巨贾胡雪岩，他们皆出身草根，当有创业想法后，敢于迈出第一步的勇气最为关键。

如今的中国早已今非昔比，不管是经商环境，还是税收政策，都好于过去，特别是中央政府推出的"大众创业，万众创新"双创国家战略，为众多的创业者实现自己的梦想提供了条件。

2015 年 5 月 7 日，李克强总理视察中关村，同时到中关村创业大街 3W 咖啡厅，与年轻创业者边喝咖啡，边聊创业的事情。

在交谈中，蜂拥而至的创业者向李克强总理介绍了自己的创业项目。李克强总理听到创业者的各种奇思妙想的创意后，感叹道："这里精彩纷呈，什么想法都有！真正知道社会需求的是大众，这正是大众创业的精髓所在。"

其后，新京报以《总理喝的"创业咖啡"别有一番味道》为题发表社论称：

昨日（2015 年 5 月 7 日）上午，李克强总理出现在中关村创业大街，为互联网创业加油打气。考察期间，李克强总理走进中关村创业大街著名的"3W 咖啡"，手捧一杯咖啡，与创业者交谈。一张总理喝咖啡的照片就此传遍网络。

这张照片为什么这样红？这自然跟总理与创业者一块喝喝咖啡聊聊天的"邻家大叔"气质不无关系。但解读总理的咖啡，不应这么简单。它引发舆论共振，还因为总理喝的这杯咖啡，其实更是一杯创业、创新的咖啡。在"创业咖啡厅"喝咖啡，是一个象征也是一种期待，那就是希望"大众创业、万众创新"能真正热起来。毕竟，"创业咖啡厅"本身就代表一种新的创业模式。就运营模式来看，它既包含天使投资、俱乐部、企业公关、会议组织等功能，它又是很多公司日常运营的办公地，这也正是这一模式的创新之处。

对很多创业者而言，将咖啡厅作为办工场所，省去了租赁办公地点的麻烦，压减了创业成本；而对于咖啡厅创业者来说，它涵养了创业氛围也能通过经营咖啡厅获得收入，一举双得。你想想，当一些人坐在那里喝着咖啡，搞着创业，创业也变得更简单灵便。让创业门槛越来越低，正是"新常态"下的创业趋势。①

该社论可以解读为，"李克强总理的一杯咖啡，其实是一个隐喻，

---

① 新京报 . 总理喝的"创业咖啡"别有一番味道 [N]. 新京报：A08–A09 版，2015–05–08.

它代表着对一种创业新模式的肯定"。在这样的时代下，阻碍创业的因素只会是自己。因此，要想创业成功，不仅需要技术和知识，更需要的是勇气。一旦缺乏迈出创业的第一步，创业成功无疑是黄粱一梦。

为此，马云在《创业创新·问道马云》分享会上告诫创业者："每一个时代都是最好的时代，也是最坏的时代。机会存在于每一个时代，属于每一个人。创业需要勇气，你的心有多大，你就能做多么大的事情。"

在时代的巨轮下，创业者总是可以创业成功的，只不过需要勇气。关于创业，马云认为："中国人的创业，关键不在于你有出色的想法、理念或梦想，而在于你是否愿意为此付出一切代价，全力以赴地去做它，证明它是对的。"

在《赢在中国》的创业论坛上，马云告诫创业者："创业不能停留在理念与幻想上；idea（想法）可以有无数个，action（行动）只能有一个。"

马云的创业经验值得中国创业者学习和借鉴。中国诸多成功创业者都有一个共同的特点——创业没有停留在理念与幻想上，而是将自己的某些想法和梦想付诸实践，经过坚苦卓绝的努力和奋斗，最后创业成功，成为中国创业者为之骄傲的标杆，甚至成为《福布斯》富豪榜上的名人。

在成千上万的创业者中，马云就是其中的一个。

1988 年，马云于杭州师范学院外语系毕业，同年担任杭州电子工业学院英文及国际贸易教师。

1995 年，马云因公出差美国后接触因特网，后创办中国第一家互联网商业信息发布网站中国黄页。

1998 年，马云出任中国国际电子商务中心国富通信息技术发展有限公司总经理。

1999 年，马云创办阿里巴巴集团，并担任阿里集团 CEO、董事局主席。

2013 年 5 月 10 日，因为阿里巴巴集团自身发展的需要，马云辞任阿里巴巴集团 CEO，仅仅担任阿里集团董事局主席。

2016 年 5 月 8 日，马云任中国企业家俱乐部主席。

2016 年 9 月 21 日，联合国秘书长潘基文亲自签发任命书，宣布马云受邀出任联合国贸易和发展会议青年创业和小企业特别顾问。

这一长串履历足以说明，作为阿里巴巴集团创始人的马云，无疑是中国创业史上一个史诗般的传奇人物。

马云之所以成为创业名人，特别是担任联合国贸易和发展会议青年创业和小企业特别顾问，是因为马云没有把创业想法仅仅停留在理念与幻想上，而是不折不扣地践行着自己的想法和梦想。

正因为如此，马云摘取的创业桂冠不胜枚举，得到了很多的殊荣，见表 1-2。

表1-2　马云的成就与荣誉

序号	内容
（1）	2000 年 10 月，马云被"世界经济论坛"评为 2001 年全球 100 位"未来领袖"之一
（2）	2001 年，马云被美国亚洲商业协会评选为 2001 年度"商业领袖"
（3）	2002 年 5 月，马云获选成为日本财经杂志《日经》的封面人物
（4）	2004 年 12 月，马云荣获 CCTV 十大年度经济人物奖
（5）	2005 年，马云成为中国第一位登上美国《福布斯》杂志封面的企业家
（6）	2006 年，马云成为中央电视台经济频道《赢在中国》的评委
（7）	2008 年 3 月，马云获选《巴隆金融周刊》2008 年度全球 30 位最佳运行长
（8）	2008 年 7 月，马云获得日本第十届企业家大奖（该奖项过去只颁发给日本国内的企业家）

续表

序号	内容
（9）	2008 年 9 月，马云获选美国《商业周刊》评出的 25 位互联网业最具影响力的人物，马云也是唯一上榜的中国企业家
（10）	2008 年 10 月 31 日，阿里巴巴集团有限公司和杭州师范大学合作共建杭州师范大学阿里巴巴集团商学院，马云任董事会董事长
（11）	2009 年 11 月，马云获选《时代》2009 百大最具影响力人物
（12）	2009 年 11 月，马云获选《商业周刊》2009 中国最具影响力 40 人
（13）	2009 年 12 月 23 日，马云获选 CCTV 中国经济年度人物中国经济十年商业领袖十人之一
（14）	2010 年，马云入选 2010 中国国家形象宣传片人物
（15）	2010 年 9 月，《财富》杂志以"智慧"和"影响力"为指标，评选出当今全球科技界最聪明的 50 人。马云以"阿里巴巴集团 CEO"身份当选"最聪明 CEO"第四名，颁奖词为"阿里巴巴集团的帝国正在向全球快速扩展"
（16）	马云入选 2012 年《财富》中国最具影响力的 50 位商界领袖排行榜，排名第八
（17）	马云入选 2012 年 CCTV 中国经济年度人物
（18）	马云入选 2012 年度中国企业十大新闻之民企新闻人物
（19）	2015 年 7 月 1 日，马云当选全球互联网治理联盟理事会联合主席
（20）	2015 年 10 月 20 日，马云受邀出任英国时任首相戴维·卡梅伦的特别经济事务顾问
（21）	2016 年 5 月 8 日，马云任中国企业家俱乐部主席
（22）	2016 年 9 月 21 日，时任联合国秘书长潘基文亲自签发任命书，宣布马云受邀出任联合国贸易和发展会议青年创业和小企业特别顾问

马云获得诸多荣誉的背后，更多的是坚持梦想和敢想敢干的创业精神。这种创业精神犹如茫茫大海上的一座灯塔，指引着"大众创业，万众创新"时代成千上万的中国创业者。

讲话 4：做企业不仅仅是做创意，创意是企业运营中重要的一环，更重要的是要把商业计划落到实处

在撰写《浙商教你创业》一书时，由于需要了解很多浙江草根创业者的真实创业经历，我走访了上百名浙江创业者。

在走访中，我发现，浙江草根创业者大多数是借了几万元、几千元，甚至几百元就开始起家的，今天的他们已经功成名就。他们有一个共同的特质：敢于把创业的想法付诸实践。

有着创业想法的人比比皆是，甚至还有很多人拥有数个商业计划书。但与浙江草根创业者相反的是，谈及创业，这些人不是抱怨自己没有资金，就是抱怨商业环境不好，甚至有人跟我拍着胸脯说："一旦给我一个小企业，在十年内一定做到中国 500 强企业的规模。"

这种信誓旦旦的誓词，似乎在暗示他是有能力把企业做大的。当我问及此类人，为什么不把您的商业计划付诸实践时，他似乎没有刚开始的自信和豪言了，回答这个问题显得支支吾吾或答非所问。

客观地讲，完善的商业计划尽管对创业者来说十分重要，但这仅仅只是开始创业的一个重要诱因，甚至都算不上创业的初始阶段。

当创业者创建一个微型企业，或者是一个中型企业，或者是一个大型企业，甚至是一个跨国公司时，当他作为这个团队掌舵的船长时，他将如何乘风破浪，他将如何面对与本土巨头企业狭路相逢的生死竞争，又将如何在实力雄厚的跨国企业的围追堵截中突围……而最终实现既

定的发展目标——基业长青与持续经营？

这是一个横亘在成千上万的创业者面前的一道坎，尽管说起来很简单，但是却让创业者感到异常棘手，不是一纸商业计划就可以概括的。因此，马云在《赢在中国》点评创业选手时告诫说："这个理念并不是最值钱的东西，真正值钱的东西是创业者创造的价值，是脚踏实地的结果。"

在马云看来，再完美的商业计划，当与用户首次亲密接触时，它的历史使命就已宣告完成。

从这个角度来看，即使是再完美的商业计划，也只适用于创业者和用户的首次亲密接触。因此，只有把商业计划落地，才能解决创业的后续问题。

大量的事实证明，创业不需要高谈阔论的战略家，也不需要十全十美的商业计划，真正需要的是将创业想法付诸实践的创业者，这正是马云告诫创业者的初衷所在。只有踏踏实实地将创业想法转化为商业机遇，才能创造巨大的商业价值。

遗憾的是，很多创业者在很多场合都在高谈阔论其宏伟战略，甚至评点世界秩序，结果不到两年时间，创业者当初热血沸腾地谈到的战略，早已时过境迁，诸多想法也不过是过把嘴瘾而已。

面对这样的问题，马云在一些场合告诫创业者："做企业不仅仅是做创意，创意是企业运营中重要的一环，但它只是一环，更重要的是要把商业计划落到实处。"

事实证明，很多创业者都喜欢大谈特谈战略，特别是自己的某些管理理念，却往往忽视了商业计划的落地问题，结果在创业的道路上栽了跟头。为此，马云在担任《赢在中国》的创业导师时，就经常告诫创业者，创业不能停留在理念与幻想上。

在《赢在中国》第二赛季晋级篇第一场中，创业选手石乐华提出了自己的战略设想，他的战略思路是，走特色化整合道路，把卫浴进行关键性组合，参与行业标准的制定和品牌的建设，进行原始设备生产商加工，打造中国本土的卫浴知名品牌。

当石乐华阐述完自己的战略理念后，作为创业标杆、创业指导大师的马云，没有极力地批评，也没有过多地指责，而是给予了他客观的点评。

马云充分地肯定了石乐华的心态和创业的激情，同时还极大地肯定了石乐华作为创业者能够坚定自己的信念，坚持自己的并购、整合理念等极高素质。

马云为此点评说："谈一下我的看法，我感觉你的条理很清晰，心态很好，你的激情跟别人不一样。很多人把创业者看成激情澎湃的人，你对自己的信念非常坚持，坚持自己的并购、整合是有意义的，尽管也许评委也好，其他人也好，说你不靠谱，你凭什么整合，但是你自己内心信念的坚定，很具备创业者的素质。"

当然，拥有极高的创业素质，并不等于万事大吉，为此马云告诫石乐华："但是我这里想讲的是，在整合的要素当中你讲到理念和信心，我自己这么看，好像理念是挺不值钱的东西，真正值钱的东西就是你创造的价值，脚踏实地的结果。很多人说我有非常优秀的理念，我听太多了。这世界上没有优秀的理念，只有脚踏实地的结果。所以不要用你的理念去整合别人，而是用你创造的价值给别人带来好处。"①

在马云看来，用自己的理念去整合别人无疑是下下策，最好的方法应该是用自己创造的价值给别人带来好处。为此，马云解释了理念必须落地的重要性："公司还很小的时候千万别去讲理念，别人不一定认同你的理念，但是都会按照你说的做。要让别人说你的理念好，自己千万别说自己的理念好，那样就会没完没了地吵架，你吵过了别人，别人就认同，吵不过的就会有看法。因为理念是很难考量的，只有结果可以考量。我认为有结果未必是成功，但是没有结果一定是失败。"②

马云的这番点评发人深省，因为在创业道路上，真正愿意去评点创业者的创业家并不多。这与中国自身的文化传统有关。

正如马云给年轻人创业的三大原则中所言："其实最大的决心并不是我对互联网有很大的信心，而是我觉得做一件事，经历就是一种成功，你去闯一闯，不行你还可以掉头。"

---

①《赢在中国》项目组. 马云点评创业 [M]. 北京：中国民主法制出版社，2007.
② 赵文锴. 马云创业真经 [M]. 北京：中国经济出版社，2011.

第 **2** 章

把创业植入梦想中

人永远不要忘记自己第一天的梦想，你的梦想是世界上最伟大的事情，就是帮助别人成功。

——阿里巴巴集团创始人 马云

讲话 5：创业的失败率很高，没有梦想和坚持是很难做下去的

在创业的过程中，由于创业的失败率很高，没有梦想和坚持是很难做下去的。为此，马云在"我能创未来——中国青年创业行动"中分享了自己的创业经验。

马云说道："我想跟大家讲，作为一个创业者，首先要给自己一个梦想。1995 年我偶然去了美国，然后我发现了互联网。发现互联网以后，我却对（互联网）技术几乎是一窍不通，因为我不是一个技术人才。到目前为止，我对电脑的认识还是停留在收发邮件和浏览页面上，到现在为止我还搞不清楚该怎么样在电脑上用 U 盘。但是这并不重要，重要的是你的梦想是什么。"

这样的报道频频出现在中外的媒体中，比如《第一财经日报》记者王雪靖在《新阿甘式传奇人物——马云》一文中就写道："见过许多 IT 界的青年才俊，看到马云的时候，总不能将他和中国最大的电子商务网站的 CEO 画等号。倒不是他其貌不扬的外表，而是发现在互联网世界

游刃有余的他，对电脑竟然如此一窍不通。"①

王雪靖还举例说道："马云用电脑只会做两件事，收发邮件和上网浏览。如果要拷贝文件，则需要别人帮助，甚至连 DVD 在电脑上怎么看都不知道。马云也声称，他是一个完全不懂计算机的人，但恰恰是这一点，却让他如盲人骑象般，在网络这头'大象'上颠簸了近十年，回头一看，自己不仅还活着，而且活得很好。"②

在马云看来，作为创业者，有了梦想，就必须去实现这个梦想。马云是这样回忆的："1995 年，我发现互联网有一天会改变人类，可以影响人类的方方面面。但是谁可以改变互联网，它到底该怎么样影响人类？这些问题我在当时没有想清楚，只是隐隐约约感觉到这是将来我想干的。所以从美国回来以后，我请了 24 个朋友到我家里，当着他们的面，我告诉他们说，我准备从大学里辞职，要做一个互联网，叫Internet。那个时候互联网不叫互联网，而是把它译成'因特耐特'，因为自己不懂技术，所以我花了将近两个小时来说服 24 个人，这是一个很有意思的事情。两个小时内，我肯定没讲清楚什么是互联网，他们肯定也听得糊里糊涂。两个小时后，大家投票表决，23 个人反对，1 个人支持，大家觉得这个东西肯定不靠谱，再加上我又不懂电脑，所以没信心。但是经过一个晚上的思考，第二天早上我还是决定辞职，去实现自己的梦想。"

为此，马云特地把自己称为骑着瞎老虎的盲人，尽管当时没有明白将来会怎么样，但是马云坚信，互联网将会对人类社会做出巨大的

---

① 王雪靖. 新阿甘式传奇人物——马云 [N]. 第一财经日报，2006-01-20.
② 王雪靖. 新阿甘式传奇人物——马云 [N]. 第一财经日报，2006-01-20.

贡献。

然而，在 1995 年，鲜有人相信互联网的巨大商业价值，自然也不觉得互联网会对人类做出多大的贡献。

在当时，马云借用了微软创始人比尔·盖茨的名字说道："互联网将改变人类生活的方方面面。"

事后，马云解释为什么要借用比尔·盖茨的名头来提升互联网的商业前景。究其原因，是没有人肯相信马云，只会相信比尔·盖茨。之后，很多媒体就把比尔·盖茨说"互联网将改变人类生活的方方面面"的信息刊载出来了，实际上这句话是马云说的。据了解，1995 年，比尔·盖茨极力地反对互联网。

当创业者有了自己的创业梦想后，最重要的就是实现这个梦想。很多创业者觉得自己的条件不够，到底该怎么办？

面对如此问题，马云告诫创业者："我觉得创业者最重要的是创造条件。如果机会都成熟的话，一定轮不到我们。所以一般大家都觉得这是好机会，觉得机会成熟的时候，我觉得往往不是你的机会。你坚信这事情能够起来的时候，给自己一个承诺说我准备干五年，干十年，干二十年，把它干出来。我相信你就会走得很好。"

马云回忆说："在互联网最冷的冬天，2001 年、2002 年的时候，我已经吃了六年苦了，六年以来犯了那么多错误，后面六年也会继续干下去。哪怕再吃六年苦，甚至十六年苦，我也决心一定把它做出来。"

的确，在创业的道路上，遭遇困难是难免的事情，这就需要创业者坚持自己的创业梦想。为此，马云举例说："在这儿我想跟大家分享一个我坚持梦想的案例。阿里巴巴集团上市一个月以后，我把我们公司超过五年的员工召集在一起，我问大家一个问题，我们现在上市了，可以说是相当有钱了，可凭什么我们今天有钱？是因为我们比别人聪明吗？我看未必，至少我认为我是不聪明。我们比人家勤奋？我看这世界上比我们勤奋的人非常多，比我们能干的人也非常多。但为什么我们成功了，他们没有成功？在我看来，绝大部分员工的智商都比我高，因为七八年以前阿里巴巴集团没有名气，我们没有品牌，没有现金，人们也不一定相信电子商务。但是经过了五六年，我们这些人居然都很有钱，大家都有成就感，为什么？我觉得就是因为我们相信自己是平凡的人，相信我们能在一起做一些事情，刚开始的时候自认为很能干、相当出色的人，全部离开了我们，因为有猎头公司把他们请走了。有些人不认同这个观点，不认同互联网，或者不同意这样的方式，他们便到另外的公司创业；那些没人挖的人，反正闲着也是闲着，到其他公司也找不着工作，就待下去，一待就是七八年，今天都成功了。事实上也是这样，'傻'坚持要比不坚持好很多。所以我觉得创业者不仅要给自己一个梦想，给自己一个承诺，还要给自己一份坚持，这是极其关键的。"

在马云看来，阿里巴巴集团做电子商务，遭到了很多来自外界的批评和指责，甚至有人说中国不具备做电子商务的条件。在他们看来，中国缺乏诚信体系，没有银行支付体系，基础建设也非常差，凭什么阿里巴巴集团可以做电子商务呢？

面对外界的质疑，马云觉得："如果没有诚信体系，我们就创造一个诚信体系；如果没有支付体系，我们建设支付体系。只有这样，我们才有机会。多年经历告诉我：没有条件的时候，只要你有梦想，只要你有良好的团队坚定地执行，你就能够走到梦想的彼岸。"

讲话6：创业者要有梦想，但梦想一定要真实

在创业的过程中，作为创业者，不仅要有创业梦想，还必须真实。马云在提到自己当初的创业梦想时说道："央视有个节目叫《对话》，他们给我做了一期访谈节目，给那期节目起名字叫'狂人马云'，结果后来每个人都说马云很狂。最后他们得出了个结论——'创业就要狂妄一点'。但是我并不觉得我们狂妄，只是我们要做的事情绝大多数人还不能接受而已。"

事实上，很多创业者在创业时的目的就是让自己的生活有所改变。当企业做到一定规模后，当初的创业者成为亿万富翁后，油盐酱醋茶的困扰已不存在。此刻，梦想和社会责任就在企业家那里生根发芽。

尽管创业的目的不同，但是创业梦想必须真实。马云说道："当年我的领导对我说：'马云，好好干。再过一年你就有煤气瓶可以发了，再过两三年你就可能有房子了，再过五年你就能评副教授了。'于是我在他身上看见了我以后的样子——每天骑着自行车，去拿牛奶，买菜。我当然不是说这种生活不好，只是希望换一种方式。等到在创业的路上越走越远的时候，我发现自己的梦想越来越大，也越来越现实。每个人都有梦想，梦想未必要很大，但一定要真实。"

在马云看来，即使是为了让自己的生活有所改变而创业，这样的梦想也在情理之中，也是真实的。

马云告诫创业者说："很多创业者或者做企业的人，上来就把自己

放在一个很高的高度，张嘴就谈什么文化啊民族啊，说自己不是为了赚钱而创业。其实大家别把钱看得太轻，如果没有钱你创什么业，创业不为了赚钱你干什么？"

在马云的意识中，作为创业者，必须要实事求是地尊重创业的梦想，摆正创业的目的和赚钱的位置。实践证明，但凡世界上一切触手可及的，都是梦想成真的结果。创业者如果没有梦想，那么对创业者来说其创业成功的可能性很小。

马云在公开场合说："怎么做企业，做企业到底什么最核心？我认为做企业首先要有伟大的梦想，要有伟大的使命，我们这几年有伟大的使命，我们的使命是阿里巴巴集团让天下没有难做的生意。"

在马云看来，创业者要想成功，前提是创业者要先有梦想，才能实现梦想。回想当初，开始创业的马云跟其他创业者一样，时常遭遇挫折。甚至马云自己觉得已经够倒霉的了，这个不成，那个也不成，那么再倒霉十年也无所谓了。

然而，经过一番思索，马云还是坚持自己的梦想，继续前行。后来马云在接受媒体采访时说："我们还是坚信一点，这世界上只要有梦想，只要不断努力，只要不断学习，不管你长得如何，不管是这样，还是那样，男人的长相往往和他的才华成反比。今天很残酷，明天更残酷，后天很美好，但绝大部分人是死在明天晚上，所以每个人不要放弃今天。"

事实证明，创业的过程其实就是"追逐梦想"的过程。反观马云的创业历程，其实就是一个"不停地追逐着自己一个又一个梦想的过程，我们的创业者还在等待什么？拿出你的勇气，开始追梦吧！创业是追寻自己梦想的征途。但是，只有梦想是不够的，还要有把梦想变成现实的能力"。①

讲话7："梦想还是要有的，万一实现了呢？"

2016 年 11 月 11 日，天猫双十一 1200 亿元的销售额再创新高。不仅如此，因为阿里巴巴集团赴美上市，成为史上最大的 IPO，马云也因此一跃成为中国首富。

在各种好奇心的驱使下，马云和他的创业史一再被媒体的记者们提起，甚至还成了成千上万创业者向往的传奇故事。

回顾马云的创业史，1999 年 2 月，遭遇中国黄页创业挫折的马云，决定离开北京，回到自己的故乡杭州。尽管外经贸部的资源异常丰厚，但是马云还是决定舍弃，整理创业的思路，重新再出发。

在出发前，马云知道再次创业的难度，于是客观地对创业伙伴说："启动资金必须是 Pocket money（闲钱），不许向家人朋友借钱，因为失败可能性极大。我们必须准备好接受'最倒霉的事情'……"

当然，敢于再次创业，是因为马云坚守一个信念："梦想还是要有

---

① 常桦 . 创业教父 [M]. 北京：中国华侨出版社，2010.

的，万一实现了呢？"当阿里巴巴集团赴美成功上市后，阿里系的网站首页醒目地显示着："梦想还是要有的，万一实现了呢？"这样的做法印证了创业初，马云不仅设想过"万一实现了呢"，还设想过"万一实现不了呢"的情况。因为在创业维艰的年代，失败在所难免，但是"万一实现了呢"。

主要是，在创业的过程中，很多创业者不是没有梦想，而是让人偷走了梦想。所以，创业者要想创业成功，就必须坚持自己的梦想，把事情做到极致，这样才能创业成功。

阿里巴巴集团在创办之初，非常弱小。而马云当时的梦想是："很多人都懂得怎么赚钱，世界上会赚钱的人很多，但世界上能够影响别人、完善社会的人并不多，如果做一个伟大的公司，你就得做这些事。这个使命不是盈利、上市，而是改变世界，尤其是改变中国商业世界的规则。"

然而，马云的这个梦想引来了无数看笑话的人。事实证明，创业是一个艰难的过程，一些创业者因为缺乏梦想而贸然创业，这样的创业无疑会遭到失败。反观马云的创业之路，梦想始终指引着马云。在阿里巴巴集团做强做大的过程中，马云在公开场合坦言：

"我的四大天王，每人至少能管理1000亿元人民币以上的公司，八大金刚，管理500亿元，十八罗汉管理300亿元，四十太保，至少10亿元。别人说阿里巴巴集团是黄埔军校，我们就是要做这个事，但不要刻意做这个事。结果是我们为中国互联网产业、新经济产业培养和造就了大量优秀人才。十年之后，我的考核指标是：世界500强中的中国企业的CEO有多少是从阿里巴巴集团出来的。这帮人培养出来以后，对中国经济的影响就大了。那时就会形成吸收了美国全球化战略和日本严谨管理风格，又融合了中国太极的中国流派和中国方阵，那时中国军团在全世界的声音就不会是现在这么点儿！"

在创业的这条路上，马云引领着一群创业者为了梦想而前行。在一次大学演讲会上，在马云与学生互动的环节中，一名"90后"大学生提问说："您十年前有您的设想，用电商改变整个中国人的生活，从我们一般人来看，可以用三个字形容——'假大空'，用我的感觉来说，您当时也是在用假大空来跟你的员工来沟通。"

该大学生直言马云的创业项目是假大空。面对该"90后"大学生的质疑，马云说道：

你认为是假大空，我从来就没有认为过，有人说马云你的讲话我们很喜欢，什么原因你特别能讲话，你是不是当过老师。

忽悠和不忽悠的区别是什么，忽悠是自己不相信，让大家相信。真实是我相信，你们相不相信，我知道你们慢慢会相信的，这就是区别。

我从来没有想过假大空，假如是假大空，我的员工不是最出色的精英，但他们绝不傻，三个月就觉得不靠谱，跑得比你还快。

所以我觉得十年以前到今天，我还是这么讲话，说明还没那么假，也不空，只是我们是为未来工作，绝不为今天工作。

反观中国的创业名家，不管是马云，还是蒙牛创始人牛根生，他们都在很多企业家论坛上谈到梦想对于创业成功的重要性。

在一个创业论坛上，马云和牛根生异口同声地忠告创业者："创业者首先要有梦想，如果没有梦的话，为做而做肯定做不好。"

在马云看来，"有梦"是创业者最起码的先决条件。马云说："我觉得创业者首先要有一个梦想，你没有梦的话，别人让你做是做不好的；第二要有毅力，从我自己的经验，每次创业时，先有一个美好设想的过程，但是往往你走到那儿它不一定美好，所以你要告诉自己，自己走的路上每天碰上的事情特别多；第三个你要创业的话，一定要有优秀的团队，光靠你一个人单枪匹马不行，边上的人要跟你一样疯狂，一样努力。"

可有些创业者说，我的梦太多怎么办？关于梦想太多怎么办这个问题，蒙牛创始人牛根生开出了自己的药方——"如果能从这么多的梦里找一个自己的兴趣爱好更高的梦，我觉得这个相对成功的可能性会更大一些。"

牛根生解释说道："小马同志说有梦想，梦太多也不好，找到一个符合自己兴趣、爱好或者是更高的梦，我觉得这个成功的可能性相对大一点儿。个人的梦和团队的梦是否一致，我觉得这也是重要的。第二点，巨大的成功不是靠力量，而是韧性，这又跟马云一致了，能够持之以恒地把一件事做到很长、很好，既需要智慧，同时也需要汗水。第三，在做事的过程当中要敢赢，有行动、有汗水不一定成功，没有行动、没有汗水一定会失败，只为成功找方法、不为失败找理由，这种心态，大概成功的可能性相对大一点。"

牛根生推心置腹地讲："很多人在选梦的时候没有选好，那么多的梦胡乱选了一个，最后做不下来了。"

除了选一个自己兴趣爱好更高的梦，马云和牛根生还一致认为，如何把个人的梦变成团队的梦也是至关重要的。

马云和牛根生一个是做互联网的，一个是挤牛奶的，他们的创业行业差别太大。然而，连接他们的纽带不仅仅是长江商学院的同学身份，还有两个人共同的"作秀"天性和"激情"个性，更有他们曾经共同拥有的"白手创业"的梦想。[①]

可以肯定地说，马云、牛根生，都是中国创业史上不得不提的创业人物，正是他们的创业梦想，才使得他们成为中国创业史的英雄谱中的重量级人物。

讲话8：不给自己梦想一个实践的机会，将永远没有机会

由于工作的原因，我经常在一些场合遇到很多有创业梦想的人，但是他们由于惧怕创业失败，结果也就不了了之。

---

① 张军. 创业先要"做梦" 马云牛根生同台论道，指点江山 [N]. 羊城晚报，2006-09-16.

面对这样的创业困境，马云告诫创业者："不给自己梦想一个实践的机会，将永远没有机会。"

马云之所以有此感悟，是因为马云自身的创业经验。马云的观点很有代表性，不信，我们从一个真实的案例开始谈起。

不得不承认，谢小康的创业计划堪称完美。谢小康的创业项目是开办一家纯中国风格的手工布鞋坊。

谢小康跟其他创业者一样，创业第一步就是写创业计划书。在创业计划书中，谢小康还特意把创业背景作为一个重要的部分。

在谢小康看来，创业背景是创业计划书的重头戏："现代生活中的人们，在尽情领略了时装和洋服的绚丽风采之余，开始感悟传统服饰独特的魅力和丰厚的文化意韵；西装革履、裙服高跟，奔波劳顿于公务和应酬之后，能不向往一袭布衣、一双便鞋，品茗吟诗的闲情雅趣？尽管红尘万丈歌舞喧嚣，但中国总有那么一群伟人、高人、异人，穿着朴素的布鞋闲庭信步指点江山：毛泽东、鲁迅、沈从文、陈寅恪、周作人、钱锺书、张中行……他们静穆幽深，仿佛一口口深井，行坐间意态从容，谈吐中旋转乾坤，他们是中国手工鞋业的最佳形象代言人。"[1]

在创业背景中，谢小康还起了一个一语双关的产品名

---

[1] 豆丁网.创业失败案例 [EB/OL].2017. http://www.docin.com/p-1002331825-f2.html.

称——"小康手工布鞋"。在谢小康的创业计划中，将"小康手工布鞋"定位为——"小康手工鞋业，目前主产纯中国风格、中国气派的手工布鞋。它穿着柔软舒适、宽松暖和，取料自然，既可保健养脚，又有个性魅力，和如今随处可见的用橡胶、塑料、合成材料制成的现代鞋类相比，堪称当之无愧的'环保鞋''绿色产品'，迎合国际潮流，追随怀旧时尚，是当今都市休闲一族的最佳选择……"①

然而，经过几年商学院熏陶的谢小康，在进行创业投资前，有了更多的"理性思考"。特别是MBA（工商管理硕士）导师告诉谢小康，创业之前，可行性论证一定要做得仔仔细细、慎之又慎。

众所周知，要想创业，就必须得有创业资金。在谢小康看来，尽管自己筹集的资金不多，但开个手工布鞋店似乎是绰绰有余了。谢小康这样想的理由是，手工布鞋是劳动密集型产业，科技含量不会太高。

于是，谢小康开始预算这个手工布鞋坊的前期投入。谢小康主要从原材料投资、设备投资、人力投资、流通环节投资、销售费用、店铺租金等方面来做预算。

第一，原材料投资。谢小康的创业项目，主要是挖掘民间传统手工鞋工艺，弘扬中国文化。基于这样的创业目的，谢小康首先要做的是设计手工鞋的款式，由于中国人民已经

---

① 豆丁网. 创业失败案例 [EB/OL].2017. http://www.docin.com/p-1002331825-f2.html.

不再是 20 世纪那样，个性化的需求已经越来越成为商家的机遇，因此，谢小康设计的款式已远远超出了人们十几年前的概念，已经多得让人目不暇接——圆口的、方口的、松紧的，仿古的、时装的，布面的、呢面的、灯芯面的、绸缎面的、化纤面的、帆布面的、水洗布面的，素面的、碎花的、大花的、暗花的，系带的、网眼的、高帮的、低帮的，单的、棉的，卡通风格的、动物系列的、镶嵌皮料的……[①] 设计完成后，如此丰富的手工鞋款式必须得找一间仓库存放，还需几十个架子储放这些布料和辅料。此外，还得买麻线、棉线、尼龙线，成袋的面粉、夹板、锥子、顶针之类，这些前期投资预计花 30 万元。

第二，设备投资。要设计丰富多样的款式，就必须要建一个像样的设计室；需要购买几台能够设计的电脑；需要购买正版的 AUTOCAD 计算机辅助设计软件和 PHOTOSHOP 图像处理软件；需要购买扫描仪、彩色打印机等。同时还必须有一个宽畅、通风、明亮，有完善的照明设备、空调设备、消防设备的生产车间；必须有几套机械化辅助生产设备，如裁样机、上线机、切边机、锁眼机，它们可让手工活儿变得更规范更漂亮。预计花 20 万元。

第三，人力投资。对于手工鞋业而言，人力是最重要的一部分投资。作为一家布鞋生产企业，必须拥有一位优秀的产

---

① 豆丁网 . 创业失败案例 [EB/OL].2017. http://www.docin.com/p-1002331825-f2.html.

品设计师，产品设计师要懂美术、会电脑、掌握消费潮流、了解国内外市场，还要能理解老板的意图、衔接生产环节……当然，这样的产品设计师薪酬不会太低，起码在8000元以上。一线员工可以先从再就业市场招聘10名踏实、能干、有经验的鞋厂下岗工或退休工，主要以女性员工为主，每月工资标准暂定2800元，优者奖励。当然，还需要招聘一位销售经理，负责市场的推广工作，其薪酬至少8000元以上……预计再花50万元作为推广费用。

仅仅前三项投资，就已经超过100万元。还有店铺租金还没有计算。在商业高度发达、寸土寸金的北京，别说在东单、西单、王府井那样的黄金地段，就是二环路上的临街店铺，价格也高得离谱，一间20平方米的店面，月租也得3万元，全年就是36万元。但是把手工鞋店放在四环以外的地方，又没有太大的轰动效应。

此刻，尽管谢小康仍有一丝希望，但是谢小康还是很清醒的。谢小康知道，手工做鞋的效率很低，即使像谢小康奶奶那样的做鞋高手，做一双像样的布鞋前后也得三天——粘布壳得用20~30层棉布叠合，晾干后剪下底样，用麻线纳千层底，一针一线戳整整800个针眼儿。照此算下来，1个设计师，10个熟练工，1个月也不过做80双鞋，而工资却要开出28000元——这80双鞋能换来28000元钱吗？

当谢小康把这些费用都计算出来时，心里面开始有点颤抖了。数月的苦心思索，38页的创业计划就这样瞬间变成了一堆废纸屑。

　　谢小康的失败源于他不仅缺乏破釜沉舟的梦想，而且还缺乏成功创业者的果敢和强势。因此，作为创业者，必须把梦想植入创业计划中，因为要想成功创业，必须积累创业所需的商业运营经验、资金、商业模式及客户资源，这样创业失败的概率自然也就会大大地降低。

　　纵观中外历史，那些彪炳史册的人们，他们之所以伟大，根源于他们都有一个伟大的梦想。同样，在创业之路上，创业者的成功都因为梦想而伟大。不管是马云、牛根生、百度创始人李彦宏、网易创始人丁磊，还是新浪创始人王志东，从他们的创业历程来看，他们都有一个宏大的创业梦想，正是因为他们有着伟大梦想的支持，最终成为中国创业史上的创业教父。

　　在通往成功创业的道路上，梦想是创业者成功创业的发动机，创业者的梦想有多大，就有多大的马力，也就能够释放出多大的能量，产生多大的影响。微软公司创始人比尔·盖茨的创业梦想就是让每一个人都能够用上电脑，这一梦想使得 WINDOWS 视窗操作电脑系统市场占有率曾经达到了 95% 以上。

　　苹果创始人史蒂夫·乔布斯在多种场合表示，梦想改变了世界，改变了生活，创造了奇迹。因此，对于任何一个创业者而言，梦想的力量是巨大的，如果一个创业者的心里有大的梦想，只要用心经营，就会开出又大又美的成功之花。只有创业者心怀大梦想，才会有大成功。

　　马云也同样如此。马云在创办企业时，可以说除了梦想，似乎没有其他。马云没有巨额的启动创业资金，没有殷实的家庭背景，没有社会关系，没有名牌大学的出身，没有海外留学的经历，没有 MBA 学位，没有计算机知识。①

马云跟所有创业者一样，唯独有梦想，而且是堪称伟大的梦想："我们常被别人当成疯子，在中国一个小城市想打进世界一流。但我们还是说，在五年内，阿里巴巴集团要成为世界十强。"

不仅如此，马云一开始就梦想做一家中国人创办的全世界最好的公司。梦想做一个世界前十名的网站。这个梦想对于几乎一无所有的马云来说，实在太伟大太离谱太疯狂。于是马云很快就得到了一个"疯子"的绰号。②

作为教师的马云，虽然不是一个技术人才，对 IT 技术几乎一窍不通，但是这并不重要，重要的是他心中的梦。

马云说："我刚才在门口一听说要演讲，就有些激动，立即就想到了两个词，梦想与坚持。"

正如一位诗人所言："一个人如果没有了梦想，便如断了翅膀的鸟儿，再也不能飞翔。"而互联网激活了不安分的马云。此刻的马云就像希腊神话中的西西弗斯一样，把石头不停地往山上滚。不过，西西弗斯滚动的是石块，而马云追逐的是自己的梦想。

创业要有梦想，而不是空想。马云认为，创业者仅仅只是种植了梦想，不给它浇水施肥，梦想无疑是不会生根发芽，也开不出绚烂的成功之花的。因此，创业者不仅要有梦想，还需要坚持和忍耐的精神，见表 2-1。

---

① 栾嶷. 如何成为一家伟大的公司？ [N]. 南方都市报，2008-08-03.
② 孙燕君. 马云教 [M]. 南京：江苏文艺出版社，2008.

表 2-1　创业者具备的三个素养

（1）创业者要有梦想	一定要有信念，坚信终有一天会梦想成真。如果创业者都不相信它有一天会变成现实，那肯定是不能实现的
（2）创业者要有感染力	感染力是财富，这张"饼"可能比意大利比萨还美味，这就是它的感染力
（3）创业者要有忍耐力	创业的过程绝对不是一帆风顺的，挫折一定比成就要多，所以如果创业者不能忍受，不能承受，那么创业者就早早地不在这个阵营当中了。作为一个创业企业，看中了一样东西，就去搏，然后就要争取搏出一个结果出来

讲话 9：始终要坚持自己第一天的创业梦想

当三星手机频频被媒体披露爆炸时，一向以设计和体验感著称的苹果手机，再次赢得了用户的青睐。提及苹果手机，绝对不能绕过苹果公司的创始人史蒂夫·乔布斯，特别是他那句标签式的经典格言——活着就是改变世界。

纵观人类发展史，有三个苹果改变了世界：第一个苹果——亚当、夏娃偷吃的"禁果"，代表人类获得了道德与智慧。第二个苹果——砸醒了牛顿，代表人类获得了科学。万有引力定律的发现，是 17 世纪自然科学最伟大的成果之一。第三个苹果——史蒂夫·乔布斯创建的美国"苹果公司"，它是人类"创新"的代名词。

史蒂夫·乔布斯之所以能够获得如此赞誉，是因为他"活着就是改变世界"的梦想。尽管史蒂夫·乔布斯几经沉浮，但是在这样的梦想激励下，他终于让苹果公司成为全球最伟大的公司。

跟史蒂夫·乔布斯相类似的中国企业家也有很多，其中就包括马云。在《赢在中国》上，马云曾经这样点评一个参赛选手："人不能沉浸在自己所谓的成功里面。所以我给你一个建议，人永远不要忘记自己第一天的梦想，你的梦想是世界上最伟大的事情。不能走到后面以后又改回来。放弃是很容易的，但我们决不会放弃我们第一天的梦想。"

在马云看来，"只要不忘记自己第一天的梦想，始终沿着最初的目标走下去，你所能取得的成就就会越来越大，即使会碰到许多困难和挑战，也绝不要放弃，成功就在不远处"。

马云介绍，"创建阿里巴巴集团第一天的梦想，就是要成为全球十大网站之一，让全世界每个商人都用阿里巴巴的网站"。

在很多场合下，马云也曾坦言自己成功创业的原因，其中一个就是"梦想"。因为梦想，所以才能坚持；因为一直没有忘记第一天的梦想，所以才能一直保持稳健的步伐。[1]

2001年，马云受邀参加了时任美国总统克林顿的早餐会。在此次早餐会上，马云与克林顿总统进行了交谈。

在交谈中，克林顿总统介绍了美国的军事和政治，他说："美国无论是经济、政治还是军事在全世界都是一流的，没有可以模仿和借鉴的对象，那么美国到底应该怎么走？作为美国总统该把这个国家往哪儿带？依靠什么力量引导美国前进呢？答案很简单，是使命感引导美国向

---

[1] 金融界.马云：花别人钱要比花自己的更痛苦[EB/OL].2017.http://finance.jrj.com.cn/biz/2011/12/19111611863694-1.shtml.

前走。"

克林顿总统的言论让马云醍醐灌顶。在马云看来，一流的公司不应该是他人的复制品，所以阿里巴巴集团也要跟着使命感走！究其原因，是中国成千上万的互联网公司可以模仿雅虎、美国在线、亚马逊等公司，然而，阿里巴巴集团已经没有模仿对象了。

在这样的背景下，马云进一步确立了阿里巴巴集团的使命感——"让天下没有难做的生意。"

当"让天下没有难做的生意"成为阿里巴巴集团的使命感之后，马云还制定了独特的价值观。在阿里巴巴集团，价值观是决定一切的准绳，"招聘何种员工""如何培养员工""怎样考核员工"等都必须坚决地贯彻这一原则。

2003 年，阿里巴巴集团在 B2B 领域已经成为隐形冠军。如何发展下去成为马云亟须解决的问题，因为他站在第一的位置没有参照。马云正是凭着强烈的使命感——"让天下没有难做的生意"，做出一系列指引阿里巴巴集团发展方向的决定。

在阿里巴巴集团，做任何事情都必须围绕"让天下没有难做的生意"这个使命，任何违背这个使命的事情阿里巴巴集团都不要做。2004年，马云给阿里巴巴集团重新确定了公司目标——第一是做一百零二年的公司；第二是做世界十大网站之一；第三是"只要是商人，一定要用阿里巴巴"。

企业使命感是由企业所肩负的使命而产生的一种经营原动力。使命也就是做事情最深层次的目的。① 因此，马云在很多企业家进入房地产时，依然坚持电子商务。

当面对"为什么阿里巴巴集团当时选择了电子商务，而不是其他人所看好的赚钱方式"的提问时，马云的回答却很简单。马云说：

> 只有电子商务才能改变中国未来的经济，我坚信人们进入信息时代以后中国完全有可能进入世界一流的国家。无论是政治、经济、军事还是文化。
>
> 阿里巴巴集团成立的时候我说过，我们相信中国一定能进入 WTO（世界贸易组织），而中国的腾飞又是以中小企业的发展为基础的，我们用 IT 武装他们，帮助他们腾飞，也帮助自己腾飞，公司也能赚钱。阿里巴巴集团的使命就是让天下没有难做的生意，让客户挣钱，帮助他们省钱，帮助他们管理员工。
>
> 我们在每一个决定之前，都会考虑到怎样去做才会使客户的利益更大化。
>
> 我们提出让天下没有难做的生意以后，我们就把这个作为阿里巴巴集团推出任何服务和产品的唯一标准。我们工程师和产品设计师把我们的产品设计得非常简单，以便让客户更容易操作，我们把麻烦留给自己，这就是使命感的驱动。

---

① 朱甫 . 马云管理思想大全集（超值白金版）[M]. 深圳：海天出版社，2011.

在马云看来，电子商务才是阿里巴巴集团的主业。因为每个创业者第一天创业的梦想都是最美丽的。阿里巴巴集团创业第一天的梦想就是要成为全球十大网站之一，让全世界每个商人都用阿里巴巴！正因如此，2005 年 8 月阿里巴巴集团收购雅虎中国后，马云对雅虎中国进行了一系列的整合，将其业务重点重新转向了搜索领域。①

---

① 金融界 . 马云：花别人钱要比花自己的更痛苦 [EB/OL].2017.http://finance.jrj.com.cn/biz/2011/12/19111611863694–1.shtml.

第 **3** 章

敢拼才会赢

创业者要有吃苦二十年的心理准备。你要想好未来的路怎么走，未来的路上有什么挫折。

——阿里巴巴集团创始人 马云

讲话 10：从创业的第一天起，每天要面对的是困难 和失败，而不是成功

对于时下的中国人来说，创业可谓是一个时髦的词汇，似乎人人都想创业，但是却并非人人都能创业成功。

究其原因，在创业过程中，很多创业失败的人往往不是缺乏创业资金、缺乏创业经验、缺乏持之以恒的毅力，更多地是缺乏吃苦的精神。

在《家族企业长盛不衰的秘诀》培训中，我经常接触有很多抱怨的创业者：周老师，早知创业如此辛苦，我就不应该辞职来干这样的差事；周老师，创业还真不是人干的事情，太苦太苦了，有时候还不如杨白劳享福；甚至有的创业者说，不怕周老师笑话，我现在连死的心都有了，我这叫创的什么业，叫自找罪受才符合我的处境……

这样的抱怨非常代表当下中国很多创业者的真实心态，这部分创业者不明白创业是一个艰辛的过程，没有吃苦的准备，肯定是坚持不下去的。

在"西湖论剑"上，马云告诫创业者："要想创业，就必须有吃苦的准备。对所有创业者来说，永远告诉自己一句话：从创业的第一天起，你每天要面对的是困难和失败，而不是成功。"

从马云的话中，我们也能体会到他当初创业时的艰辛和困难。大量的事实证明，创业的结果创业者是无法预料的，但是创业遇到的各种困难却是创业者必须承受的。因此，对于任何一个创业者而言，每天都可能面对困难和失败，要想创业成功，除了要有积极乐观的心态，还要有持久的激情，因为只有创业者拥有积极向上的创业心态，才有可能解决创业之路上的困难。所以，马云说："创业者要有吃苦二十年的心理准备。你要想好未来的路怎么走，未来的路上有什么挫折。"

在马云看来，创业不仅需要激情，同时也需要耐心。马云说："要永远去想，我是为五年以后、为十年以后创业，而不是为今天。假如你觉得创业是因为别人这件事情今天做得好我就去做，那么你的成功率就会很低。很多时候我希望大家既要有激情，更要有耐性。我们既要有像兔子一样的速度，也要有像乌龟一样的耐力。你坚持到底，为未来而创业，不是为今天而创业，可能你会心情平淡，做事会方便多了。"

的确，在创业的过程中，充满激情可以应对各种挫折和困难。在马云看来，创业者遭遇困难是不可避免的。

纵观马云的创业历程就不难发现，马云在创业初期同样也遭遇过诸多困难。例如，中国黄页的推广，其难度超乎想象。

据马云介绍，中国黄页是当时中国第一个商业网站，也是互联网上第一个中国的商业网页。由于中国黄页是新生事物，再加上绝大多数企业都没听说过互联网，让经营者在互联网上投广告就是一件十分困难的事情。

在这样的困境中，马云的创业激情被激发出来，由于没有更多的资金打广告，他就一家一家地演示和游说。在当时，为了宣传互联网，马云绝对不会放过任何一个机会，也不管时间和地点。

马云的一个朋友曾在杭州的大排档里见到他，据说当时马云喝得有点醉，正手舞足蹈地向大排档的食客海侃互联网。

马云像着魔了一样宣讲有关互联网的商业价值，遇人便说，逢人就讲。在写字楼里，马云更是给一家家企业介绍，向他们推销互联网，推销中国黄页。现在来看马云当时的角色，简直就是一个狂热的义务宣传员和疯狂的推销员。①

经过一系列的宣传，马云的介绍有了回报，终于有一家民营衬衫厂愿意做互联网广告，尽管只有区区两万元，但是却让马云等中国黄页创始人看到了希望。在创业时，无论创业多么艰难，马云从来都没有害怕过困难与失败。

讲话 11：创业如此艰难，创业者要内心强大

在"西湖论剑"上，马云讲述了浙商的成功原因："在中国，浙江的创业者非常多，他们百折不挠，万难不怕，不放过任何发展机会，开创出一片片发展新天地的勇气和精神，给中国乃至世界都留下了极其深

---

① 李问渠. 马云商道真经 [M]. 北京：新世界出版社，2009.

刻的印象。为了摆脱贫困，勤劳刻苦的浙江人什么苦都肯吃，什么脏活、累活都愿干，从事各种别人瞧不起的下等活：弹棉花、补鞋子、磨豆腐、配钥匙、理头发、卖眼镜……20 世纪 80 年代中期，浙江省外出到全国各地创业的人数达 200 多万，仅台州地区就有 10 多万豆腐大军活跃在北京城乡。"

在马云看来，浙商成功创业的共同特点是，他们在创业的时候非常吃苦耐劳，非常勤奋。

马云从没有向媒体诉说过赚取第一桶金过程中的艰难和挫折。不难想象，几经创业失败，到如今登上《福布斯》中国富豪榜的马云，其成就不仅靠他敏锐的商业嗅觉和坚持，同时也少不了他吃苦耐劳的精神。

众所周知，中国是一个非常强调吃苦耐劳的国度。很多家族在训导自己的儿孙时，总会把"吃得苦中苦，方为人上人"作为重要的内容传递给后代。

在中国古代，中国人将"吃得苦中苦，方为人上人"阐释得淋漓尽致。对此，明朝冯梦龙在《警世通言·玉堂春落难逢夫》一章中写道：

　　公子自思："可怎么处他？"走出门来，只见大门上挂着一联对子："十年受尽窗前苦，一举成名天下闻。""这是我公公作下的对联。他中举会试，官到侍郎。后来咱爹爹在此读书，官到尚书。我今在此读书，亦要攀龙附凤，以继前人之志。"又见二门上有一联对子："不受苦中苦，难为人上人。"

从上述故事不难看出，做任何事情要想取得成功，就必须拥有"吃得苦中苦，方为人上人"的心态，否则，成功将是一句空话。同样，创业者要想创业成功更是如此。如果不肯吃苦，那么创业成功只是"南柯一梦"而已。

研究发现，吃苦耐劳是创业成功的有效途径。在华商中，李嘉诚可以说是一个难以逾越的标杆。《香港商报》记者为了更好地挖掘李嘉诚的创业成功路径和成功秘诀，向李嘉诚提问。李嘉诚听后，给该记者讲了下面这则故事：

> 在一次演讲会上，有人问 69 岁的日本"推销之神"原一平推销的秘诀是什么，他当场脱掉鞋袜，将提问者请上讲台，说："请你摸摸我的脚板。"
>
> 提问者摸了摸，十分惊讶地说："您脚底的老茧好厚呀！"
>
> 原一平说："因为我走的路比别人多，跑得比别人勤。"

李嘉诚讲完故事后，微笑着说："我没有资格让你来摸我的脚板，但可以告诉你，我脚底的老茧也很厚。"

李嘉诚讲的这个故事给创业者这样的启示：在通往创业成功的道路上，其终点都不是一蹴而就的，那些不能吃苦、不肯吃苦的人是不可能创业成功的。

李嘉诚是中外公认的勇于吃苦的创业者，马云也是如此。在 1991 年，马云不甘寂寞，成立了海博翻译社，利用业余时间来创业。

让马云没有想到的是，海博翻译社创办第一个月，全部收入只有不到 600 元，而海博翻译社的开销却如潮水袭来。

面对这样的窘境，同事说："马云安安稳稳的大学老师不当，就是瞎折腾。"甚至连合伙人也动摇了。

面对困难，马云没有放弃，而是想尽办法解决。马云的创业经历足以说明，"只要肯吃苦，满地都是金子"。马云告诫创业者："我不是一个轻易放弃的人，我蛮相信，只要没搞死我，我会越战越强。今天我不是马云，马云只是代表这一代的人，新的企业家、新的创业的人，我们倡导的一种新的精神。"

事实证明，最后创业成功的人大都是能吃苦的人。纵观古今，大部分成功的商人就是因为勇于吃苦，凭着自身的愿景与努力，从创业之初的筚路蓝缕，蜕变成为时代的伟大商人，彪炳史册。

讲话 12：任何困难都必须自己去面对，创业者就是面对困难

在中国，英雄从来不问出处的。《孟子》一书中写道："舜发于畎亩之中，傅说举于版筑之间，胶鬲举于鱼盐之中，管夷吾举于士，孙叔敖举于海，百里奚举于市。"

当然，要想在芸芸众生中脱颖而出，就必须有吃苦的心理准备。如孟子所说："故天将降大任于斯人也，必先苦其心志，劳其筋骨，饿其体肤，空乏其身，行拂乱其所为，所以动心忍性，曾益其所不能。"

在孟子看来，吃苦是成功的必要条件。这个道理也适用于创业。对此，马云告诫创业者："创业者要有吃苦二十年的心理准备。你要想好未来的路怎么走，未来的路上有什么挫折。我不想安慰谁，现实确实就是这样。"

在马云看来，要想成功创业，就必须吃苦，正如马云所言："今天很残酷，明天更残酷，后天很美好，大部分人死在明天晚上，看不到后天的太阳。创业者要懂得左手温暖右手，要懂得把痛苦当作快乐，去欣赏，去体味，你才会成功。认识创业是富有激情的，选择创业是豪情激扬的，坚持创业是残酷无情的，走到最后则需要不能磨灭的梦想、持之以恒的激情和脚踏实地的坚持不懈，今天和明天的残酷换来的将是后天的美好。"

马云坦言，有些年轻创业者由于缺少吃苦的精神，所以难成大器；他们虽有锋芒，却缺乏磨砺。反观马云的创业历程，不难看出其面临的艰苦。1995 年，马云开始了自己的第二次创业，创业项目是创办中国黄页。由于中国黄页是中国创办的第一家网站，没有任何经验可以借鉴，中国黄页这个网站就极其粗糙。

中国黄页创办初期的经营困难重重。马云创办中国黄页仍然没有太多启动资金，所有的资金只有 6000 元。

在急需创业资金的情况下，马云变卖了海博翻译社的办公家具，跟亲戚朋友四处借钱，这才凑够了 8 万元。再加上两个朋友的投资，一共才 10 万元。

尽管筹集了 10 万元创业资金，但是却必须用到刀刃上。于是，马云创业团队只有一间办公室，而且还是租的。

办公室里只购买了一台电脑，一块钱一块钱地数着花。他们注册的时候，中国还没有一家互联网公司。因此这家名为海博网络的"皮包公司"是中国第一家商业运作的互联网公司。当时，马云把中国企业的资料集中起来，快递到美国，由设计者做好网页向全世界发布，利润则来自向企业收取的费用。^①

对于中国黄页来说，创办初期，资金的确是最大的问题。由于开支大，业务又少，最凄惨的时候，公司银行账户上只有 200 元现金。但是马云以他不屈不挠的精神，克服了种种困难，把营业额从 0 做到了几百万元。^②尔后，在公开场合谈到这段经历，马云说，要想创业，就要有吃苦二十年的心理准备。

① 马云 . 赚钱不是目标　80 后没有资格抱怨 [EB/OL].2017.http://www.zsnews.cn/Economy/2012/04/18/1977152_10.shtml.
② 赵文锴 . 马云创业真经 [M]. 北京：中国经济出版社，2011.

第 4 章

创业者最关键的是敢于创造条件

今天很残酷，明天更残酷，但后天很美好，绝大部分人死在明天晚上！所以我们必须每天努力面对今天！

——阿里巴巴集团创始人 马云

讲话 13：创业者最重要的是去创造条件，如果机会都成熟的话，一定轮不到他们

在很多场合下，很多想创业的人不是埋怨缺乏启动资金，就是抱怨缺乏"关系"，反正就是创业最佳时期没到。

然而，马云却对这类创业者嗤之以鼻。在马云看来，要想创业成功，作为有创业想法的人，最重要的就是敢于创造条件，从而达到创业成功。为此，马云告诫创业者：

我觉得创业者最重要的是去创造条件，如果机会都成熟的话，一定轮不到我们。一般大家都觉得这是个好机会，一般大家都觉得机会成熟的时候，我认为往往不是你的机会。你坚信这件事情能够做起来的时候，给自己一个承诺说，我准备干五年、干十年、干二十年把它干出来！我相信你会走得很久。

因为七八年以前，阿里巴巴集团没有名气，我们没有品牌、没有资金，人们也不一定相信电子商务，那时候非常难招聘员工，同事非常难招聘进来，我们开玩笑说，街上只要会走路的人，不是太残疾我们都招回来了。

　　在马云看来，要想成功创业，就必须创造条件。马云的成功也体现了浙江商人的诸多特性。在《家族企业长盛不衰的秘诀》培训课上，有学员认为，浙江人聪明，天生就会做生意。

　　不可否认，浙江商人有着浓厚的重商精神，但是这样的重商精神是在恶劣的环境下被动产生的。

　　这样的观点得到吉林省浙江商会会长缪明伟的认同。缪明伟在接受《长春晚报》采访时坦言，浙江商人之所以能遍布全国乃至世界各地，不是浙江人有做生意的天赋，对财富的嗅觉十分灵敏，而是"穷则思变"。

　　缪明伟回忆说："很久以前，从温州到杭州要坐10多个小时的车。有一次回家过年后外出，在公路上遇到大雪堵车，一堵就是3天4夜，就是因为那时温州经济不发达，路况不好。温州的耕地很少，如果单靠种地，一家人都吃不饱饭，在这种情况下，为了生存，温州人只能走出去，到其他城市发展。"

　　在浙江，素有"七山一水两分田"之说。就算在经济发达的台州，农业人口人均拥有的土地面积仅为0.41亩。也就是说在这样的情况下，就算全种植农作物也是养不活全家人的。那么如何才能解决温饱问题呢？必须靠经商来贴补家用，来维持整个家庭的开销。

　　台州不过是位于浙江省沿海中部的人多地少的城市之一，其实，整个浙江省都是这样。既然条件那么恶劣，浙江商人又是如何取得成功的呢？答案正像缪明伟所说的："穷则思变。"

　　"七山一水两分田"的贫瘠土地和资源激发了浙江农民生存创业的冲动，从而也催生了他们的经商意识。对此，缪明伟把商人的成功归结为三个必备因素："一个是遗传因素；一个是环境因素；还有一个就是教育。而浙江商人的成功主要就是受环境因素影响，可以不客气地说，浙江人经商是被'逼'出来的。"

在《浙商两会》节目中，主持人问全国人大代表、正泰集团董事长南存辉："我觉得还有一个传统的问题，我来自江西，那边的农民刚刚包产到户，大家把所有的精力都放在田地里面了，就没有浙江的传统。"

南存辉认为："也不是传统。当时也是被环境所逼。江西可能土地资源丰富一点，富饶一点，也辽阔一点。那时的温州人口很多，很小的一块土地上面，人都是扎堆的。当时交通不便，没有公路，没有铁路，也没有飞机，一条马路破破烂烂的，信息比较闭塞。在这样的环境下面逼迫着你去生存，这种吃苦耐劳的能创业的习惯，在这种环境下被逼出来了。一旦遇到了改革开放这么好的时代，就激发了大家的创造力。应该说一个企业的成功，一个地方的发展，跟天时地利人和都有关系。"

可以说，由于浙江省土地资源匮乏，生存环境较为恶劣，从而在改革开放的号角声中，大批的浙江商人被唤醒。

不管是缪明伟、南存辉，还是马云，他们都证明了"创业者最关键的是敢于创造条件"这个道理。

其实，在浙江，像缪明伟、南存辉、马云这样的商人还非常多。这里的"穷则思变"其实就是在劣势中寻找优势、敢于创造条件罢了。

讲话 14：创业者一定要想清楚的三个问题

　　要想创业成功，不仅要敢于把创业想法付诸实践，而且更重要的是，创业者必须明确自己的创业项目及其市场空间。否则，将可能失去最重要的创业时机。

　　针对此问题，马云认为，要想成功创业，作为创业者一定要想清楚三个问题。马云说："我想创业者一定要想清楚三个问题。第一，你想干什么，不是你父母要你干什么，不是你同事让你干什么，也不是因为别人在干什么，你需要干什么，而是你自己到底想干什么；第二，要想清楚该干什么；第三，我能干多久，我想干多久？"

　　在马云看来，创业者如果搞不清以上三个问题，那么创业成功的可能性较小。为了更好地了解马云的创业经验，我摘取了马云"不给梦想机会，你永远没有机会"的演讲内容作为材料，让创业者搞清以上三个问题的重要性。以下是"不给梦想机会，你永远没有机会"的演讲内容（节选）：

　　　　第一，你想干什么，不是你父母要你干什么，不是你同事让你干什么，也不是因为别人在干什么，你需要干什么，而是你自己到底想干什么。

　　　　想清楚想干什么的时候，你要想清楚：我该干什么？而不是我能干什么。

　　　　创业之前，很多人问，我有这个，我有那个，我能干这个，我能干那个，所以我一定会比别人干得好。我一直坚信，这个世界上比你能干，比你有条件干的人很多，但比你更想干好这个事情的，应该全世界只有你一个人。

这样你就有机会赢，所以想清楚想干什么，然后就要想清楚该干什么，也要明白自己不该干什么。在创业的过程中，四五年以内，我相信任何一家创业公司都会面临很多的抉择和机会，在每个抉择和机会中，你是不是还像在第一天，像自己初恋那样，记住自己第一天的梦想，这个至关重要！在原则面前，你能不能坚持，在诱惑面前你能不能坚持原则，在压力面前你能不能坚持原则？

最后想干什么，该干什么以后，再给自己说，我能干多久，我想干多久？这件事情该干多久就干多久！所以我想九年的经历告诉我，没有条件的时候，只要你有梦想，只要你有良好的团队，坚定地执行，你是能够走到大洋的那一岸。①

在马云的这个演讲中，阐述了创业者一定要想清楚三个问题的重要性。在马云看来，只要搞清楚上述三个问题，创业成功的可能性就增加很多。

正如马云所言："我想对所有创业者，和所有准备创业的人说，还是每天我跟自己说的那句话：今天很残酷，明天更残酷，但后天很美好，绝大部分人死在明天晚上！"

---

① 马云.不给梦想机会，你永远没有机会 [EB/OL].2017.http://www.bnet.com.cn/2009/0807/142 7262.shtml.

讲话 15：没有创业资金不能成为不创业的借口

一个创业者问马云："在小型企业资本不大的情况下，如何尽可能在少花钱的前提下，快速地通过网络来发展自己的队伍呢？"

马云的答案是："阿里巴巴集团创业是从 50 万元开始的。阿里巴巴集团刚成立的时候，上亿元资本的企业也很多，但当时的那些企业现在怎么样？阿里巴巴集团现在怎么样？所以，企业发展跟有没有太多的钱没什么太大的关系。很多人讲，我企业做不好是因为没钱、我缺钱，我觉得，有这种想法的人基本上是做不成大企业的人。钱是资源，不可以没有，但光有钱一点用都没有！所以今天的网络不是凭资本打天下，而是靠思想打天下、靠行动打天下、靠团队打天下、靠创新打天下。路还没找到就想着快速是不行的。"

缺少现金流的创业者在创业中所面临的最大的挑战，就是能否把自己的技术，或者机会转化为货币。

马云多次说过："正是因为有反对声音，我们才有市场。如果大家都认可了，请问我们哪里有发展先机、发展潜力和发展市场？"

可见，要创业确实有一定的难度。但有难度并不等于就是不能创业了。马云告诫创业者说："创业，在没有条件中创造条件。"

这正如"创业"一词中的"创"字，不仅仅是"开创事业"和"创收产业"的意思，还有"创造条件"的意思。所以，没有创业资金并不能成为不创业的借口。没有创业资金，创业者可以去借贷，也可以去寻求 VC。只要创业者的项目确实好，创业者确实有创业的能力与精神，那么，没有创业资金也不是横亘在创业道路上的绊脚石。

在马云看来，敢于创造条件是创业成功的一个重要因素。马云说道："对于一个真正的创业者来说，有没有资金不是要害问题。真正的要害问题是创业者有没有创业的综合能力。"

有人说："我没有办法筹集创业启动资金，所以，我不能创业。"在马云看来，缺乏创业启动资金不是没有办法创业的根本原因，造成不能创业的真正原因是你没有能力筹集创业启动资金，而不是没有创业启动资金。

马云坦言，在这世界上，筹集创业启动资金的渠道太多了，主要是你有没有能力把它弄到手而已。所以，说来说去，能不能创业，关键不是在有没有创业启动资金上，而是在你有没有创业的本事上。

第 **5** 章

竞争还要竞合

竞争者是一个最好的老师，我认为选择优秀的竞争者非常重要，但是不要选择流氓当竞争者。……如果你选择一个优秀的竞争者，打着打着，打成流氓的时候你就赢了。

——阿里巴巴集团创始人 马云

讲话 16：有竞争才能成长，创业者要用欣赏的眼光看对手

遭遇行业竞争者的竞争，对于创业者来说无疑是一件不可避免的事情。不过，盲目地与竞争者竞争，自然会遭遇竞争失败。

不管自认为是天下第一的剑客，还是自认为是天下最厉害的拳王，最终都倒在对手之下。这正好印证了马云的一席话："在座企业家我们问自己问题，你成功是因为你挑战了别人吗？不是，而是你希望完善别人才有今天，挑战别人的人基本上不太久，终有一天倒下。"

为此，马云告诫创业者，必须正确地理解竞争，正确地看待竞争者。事实上，能够找到一个潜在的竞争对手，是实现战略目标的一种有效战略手段。由于初创企业自身相对弱小，更谈不上强大，自然缺乏实力与资金和技术雄厚的本土巨头或者跨国公司进行正面竞争。

在这样的背景下，创业者必须理性地对待竞争者，最好采取跟进竞争对手的策略。如海景电脑，在产品上市初始，创业团队就将联想作为竞争对手，但是由于联想对他们来说过于庞大，根本不具备与其竞争的能力。

众所周知，联想是世界计算机行业的龙头老大，地位十分稳固，

按照海景电脑的那点儿有限推广费用，就连"因特网电脑"的概念也无法推广。于是，海景创业团队采取跟随战略。尽管海景是联想之外的电脑企业中最早做因特网电脑的，但是缺乏推广费用，海景不得不跟随联想。在当时，联想已投巨资对"因特网电脑"进行概念推广。海景的这一做法既节省了宣传费用，又理性地对待竞争对手，大大地降低了自身因为资金有限而倒闭的风险。

在很多武侠小说里，常常会有这样的情节：一个武学资质较佳的人才，开始时，其武功并不高，但是在一次又一次的比武中，对一些久练的招式、口诀顿悟了然，进而功力大增。热衷苦读武侠小说的马云身上也有着这样一种特质，马云坦言："竞争者是你的磨刀石，把你越磨越快，越磨越亮。"

事实证明，在竞争的过程中，理性地看待竞争对手，向竞争对手学习，是创业者成功创业的一个关键。对此，马云说道："竞争者是一个最好的老师，我认为选择优秀的竞争者非常重要，但是不要选择流氓当竞争者。……如果你选择一个优秀的竞争者，打着打着，打成流氓的时候你就赢了。"

马云的观点非常有代表性。回顾当初，当易贝（eBay）进军中国市场时，在全球 C2C（个人对个人）市场，其实力非常强大。尽管如此，马云理性地看待这个竞争对手。前淘宝总裁孙彤宇高度认可马云的竞争战略，甚至还把易贝作为一个十分优秀的"陪跑员"。

孙彤宇解释说："就像小时候我体育考试，跑百米有一个非常深刻的体会，一开始不懂，两个人考试，我就找一个比我差的人，我觉得我比他跑得快，感觉很爽。后来我发现不对，我要找一个比我跑得快的人，这样两个人一块跑，我才会跑出比原来好的成绩，因为他跑在我前面，我想要超过他，这是'陪跑员'的责任。我觉得对于企业来说，这可能比较自私。但如果身边有一个跑得慢的人，你真的很爽，尤其是离得很远了，你不断地回头去看，甚至还停下来朝他望望，有可能还点根烟抽抽。所以，我们要的是比我们跑得快的人。"

在马云看来，对于任何一个企业，特别是初创企业，与竞争者存在竞争是一件非常正常的事情，只不过，竞争最大的价值不是去想着如何打败竞争者，而是在自己实际情况的基础上发展和做强。

为此，马云告诫创业者："所以当有人向你叫板的时候，你要首先判断他是一个优秀竞争者，还是一个流氓竞争者，如果是一个流氓竞争者，你就放弃。但是在我们这个领域里，我首先自己选择竞争者，我不让竞争者选我，当他还没有觉得我是竞争者时，我就盯上他了。所以我觉得在我们这个行业里，我自己的心得体会就是你去选谁是你的竞争者，不要让人家盯着你，人家盯着你，人家一打你，你就跟着稀里糊涂地打。所以这几年人家在跟着我们模仿，但是不知道我们究竟想做什么，我选竞争对手的时候首先要看他们要去干什么，我在那里等着。"

马云认为，竞争是一种游戏，不是你死我活的事情。电子商务行业的成熟是多个互联网公司共同发展的结果，只有竞争才会有更快速的发展。即竞争必须在竞合的基础之上，只有和竞争对手共同把蛋糕做大，这样的市场效应才明显。

马云坦言："我希望到时候能看到一个百花齐放的景象。阿里巴巴集团为其他公司提供了经验教训和资源，其他公司发展起来也会给阿里巴巴集团带来很多好处。在一个行业里，一枝独秀是不行的，也是危险的。中国的事情凡是三足鼎立才能使一个行业发展起来，至少做大三家才有钱赚。一个很好的例子是 TOM（移动互联网公司）进来了，三大门户网站之间不打架了，为什么？因为大家都成熟了，这个行业也渐渐成熟了。"

为此，哈佛大学商学院迈克尔·波特教授撰文写道："'竞争对手'的存在能够增加整个产业的需求，且在此过程中企业的销售额也会得到增加。"

这样的案例不胜枚举，如可口可乐和百事可乐，在经营中存在竞争，在竞争中共同成长，这就是一个典型的互为竞争对手的商业案例。

讲话 17：不管你拥有多少资源，永远把对手想得强大一点

在与竞争对手较量的过程中，作为创业者需要理性地对待竞争者，同时必须时时保持警惕。究其原因，要想赢得竞争，就尽可能把对手想得更强大一点。

马云曾说道："不管你拥有多少资源，作为创业者，永远把对手想得强大一点。"正是因为如此，马云才能带领阿里巴巴集团快速应对消费者和市场的任何变化与竞争，变成行业领导者。在 2002 年的宁波会员见面会上，马云说道：

我在中央电视台《对话》栏目里面听到某位中国的知名企业家讲了一句话，他说：我这个企业很难管理，哪怕通用电气前任 CEO 杰克·韦尔奇在我这里管理，最多只能待三天。我觉得很不以为然：第一，杰克·韦尔奇不会只待三天；第二，他来了一定会改变你的企业。

可怕的不是距离，而是不知道有距离。我在网站上也讲过这句话，我讲一个例子，我有一个朋友是浙江省散打队的教练，他给我讲了一个故事：

武当山下面有一个小伙子非常厉害，他把所有的人都打败了。他认为自己天下无敌，于是就跑到了北京，找到北京散打集训队教练说："我要跟你的队员打一场。"

教练说："你不要打。"教练越不让他打，他越要打。最后教练只好让他打，可是这个小伙子五分钟不到就被打了下来。

教练跟他说："小伙子，你每天练两个小时，把每天练半个小时的人打败了。我这些队员每天练十个小时，你怎么可能跟他们打？而且我们的队员还没有真打。"所以，天外有天，人外有人。①

在商业竞争中，这样的道理也同样适用。在 2013 中国（深圳）IT 领袖峰会上，百度公司创始人、董事长兼 CEO 李彦宏与腾讯控股创始人、董事会主席兼 CEO 马化腾针对当时非常热门的话题对马云发问。

---

① 马云 . 马云 2002 年在宁波会员见面会上的演讲 .2002.

　　马化腾的问题是："前几天我们参观了马云很多业务，充分交流了很多。所以我可能也是希望观众来提问的。但是我知道还有这个环节，我就代他们提一个问题，其实我们也交流过。现在听到你很多的想法，比如用互联网方式开始做金融，我也知道小微金融。现在很多银行也会很警觉，你讲的银行没有做好的事你来做，但是从挑战银行业这个角度来看，大家还是觉得胆子挺大的。至少不像我们，我们对运营商都很老实，从不敢说过分的话。你有什么底气说这些话？"

　　其实，作为即时通信大佬的马化腾的核心问题就是，马云有什么底气来挑战银行业，进军金融。在马云看来，自己从来没有想挑战谁，而是希望去创造谁，别人看到阿里巴巴集团进军金融很紧张，这很正常。马云对马化腾坦言，看到你的微信产品，我也很紧张。

　　马云客观地解答了这个问题，马云说：

　　　　我从没觉得要推翻一个金融行业，我觉得中国金融行业的存在到今天为止有特定需求，而且做了很大贡献，但是对未来的金融，我觉得作为这一代的人，不是我们有更大利益需求，而是必须有这个责任思考。

　　　　假如今天拥有这样的技术、这样的人才、这样的需求，无数的网商、无数中小企业今天想要钱，而拿不到钱，而我们有解决方案，而且这个方案又是贯彻了透明、开放、责任、分享的原则，我就坚持下去。

　　　　我不想挑战谁，阿里巴巴集团从来没有想过，十三年来没有挑战过谁，而是创造谁。在座企业家我们问自己一个问题——你成功是因为你挑战了别人吗？

不是，而是你希望完善别人的不足才有今天，挑战别人的人基本上不太久，终有一天倒下。对我来讲，我的第一职责不是帮助金融机构。

事实上，帮助金融机构、帮助穷人是政府的事情。但是帮助客户是我的责任，帮助无数淘宝卖家，如果我能找到一个方法我就一定走下去。

当然今天的银行对此有些紧张，我觉得紧张是好事，不紧张才奇怪呢。就像我看见腾讯的微信一样，我也很紧张。紧张是正常的，紧张促进社会进步，金融行业能够不紧张，我们的小微企业就很紧张，所以我觉得假如阿里巴巴集团能够让现有金融体系紧张一下，也是互联网企业对社会进步的重要贡献。①

在马云的竞争意识中，阿里巴巴集团进军金融领域是完善银行的不足，这样的竞争对银行业的发展来说是有益的，其利大于弊。马云也坦然承认，他自己不想去挑战谁，这主要取决于阿里巴巴集团的战略，因为从创建阿里巴巴集团到马云卸任 CEO，在这段时间里阿里巴巴集团没有去挑战过谁。

---

① 韩杨. 马云对话马化腾：看到微信我也很紧张 [EB/OL].2017.http://tech.ifeng.com/it/special/2013lingxiufenghui/content-3/detail_2013_03/31/23719366_0.shtml.

讲话 18：创业者不怕竞争，就怕没诚信

马云认为，一定要争得你死我活的商战是最愚蠢的。在很多场合下，马云告诫创业者："创业者不怕竞争，就怕没诚信。"

在中国当下的镀金时代，很多创业者急功近利，甚至制造伪劣产品销售给消费者，可以说是极度缺乏诚信。

这与马云倡导的"商道的根本在于诚信的积累"背道而驰。马云在接受《华西都市报》记者采访时说道："我还是坚信，诚信是有价值的，是可以变成钱的。"

当这些创业者多次失败后才幡然悔悟诚信的商业作用时，已经晚了。在多个总裁班上，我就经常听到一些企业老板在多次创业失败后，方知诚信的巨大商业价值。

在阿里巴巴集团，马云非常重视诚信的作用，甚至放在战略的高度来重视。2003 年 11 月 26 日，马云在《财富人生——相约马云》栏目上谈道："很多人都把赚钱看得很难。但我觉得，一个生意人或者一个企业家，最容易的事情就是赚钱。我觉得对经营者来说，最重要的不是钱，而是你的诚信。诚信必须说到做到，等你没有钱的时候，你出去跟朋友讲，因为你以前说到做到，别人就会把钱给你。尽管你没有钱，因为你有诚信，很多人都会跟着你去干。"

古今中外，成功的商人都认为，诚信不欺是经商能够长久取胜的根本原因。他们认为经商虽然是以赢利为目的，但经商更要以道德信义为标准，做到以诚相待，货真价实，童叟无欺。因此，创业者想让自己的

事业蒸蒸日上，更上一层楼，必须将"诚信为本、操守为重"作为企业创业之初走向市场时刻不能忘记的原则。

对此，王瀛波在浙江日报发表名为《马云：让诚信的人先富起来》的评论文章，该文把马云今天的成就归功于诚信。

该文称："短短数年时间，马云领导的阿里巴巴集团奇迹般地发展——从一家小企业变成目前全球最大的企业电子商务平台、亚洲最大的个人电子商务平台。从全面收购雅虎中国时，阿里巴巴集团就像谜一般地被各种版本解说着：勇气、机遇、冒险、才华、激情……然而在这些辞藻背后，一座巨大的冰山正渐渐浮出水面——那就是经过历年苦心经营、架构完备的诚信体系。"

事实上，土生土长于浙江的马云，一直以"浙商"感到自豪，把阿里巴巴集团总部设在杭州就与之有关。马云说："一百多年前，胡庆余堂的胡雪岩就把'戒欺''诚信'注入了浙商的血脉。在新的历史时期，对阿里巴巴集团而言，诚信建设更是一项首要的使命。我们的网络平台，是一个活跃着数以千万计企业和个人的巨大社区。我们不仅要以诚信为会员创造价值，同时还要承担起以诚信影响社会的责任。"

为此，早在阿里巴巴集团的营运初期，马云就制定了两个铁的规定：第一，永远不给客户回扣，谁给回扣一经查出立即开除，否则客户会对阿里巴巴集团失去信任；第二，永远不说竞争对手的坏话，这涉及阿里巴巴集团的商业道德。

在运营中，马云始终坚持所有在阿里巴巴集团发布的商业信息都必须经过信息编辑的人工筛选。这个要求从阿里巴巴集团创业时的 18 个人开始，一直坚持到现在。马云介绍说："我们会删去一切看上去不那么真实的信息，然后给会员发一个电子邮件，告诉他们没有发布这条信息的理由。"

马云之所以这样做，是因为互联网的商务世界与现实的商务世界除了工具之外并无不同，商务交易必须可信。经过一次次调查，马云发现，企业最担心的问题是诚信。为此，马云第一个提出了在电子商务构建诚信体系的设想。2002 年 3 月，"诚信通"在阿里巴巴集团企业电子商务平台全面推行。

"诚信通"其实很简单：你要和谁做生意，可先在网上查阅他的"诚信通"档案，众多客户对他的信用评价、获奖情况乃至法院对他的判决结果都一目了然。一个信用情况良好的企业，自然更容易找到合作伙伴。一位学者评价说："在现实层面很难解决的诚信问题，马云却在网上解决了，这非常了不起。"目前，全球已有 14 万客户加入了"诚信通"，会员的成交率和反馈率是免费会员的四五倍。

因此，马云才认为："商道的根本在于诚信的积累，我一切的目的都是为了获得信任。"关于创业的初衷，马云曾经和创业者分享阿里巴巴集团十周年的感悟时说："创业是为了什么？在阿里巴巴集团十周年的时候，我意识到商道的根本在于诚信的积累，我一切的目的都是为了获得信任，获得社会、客户、员工、股东对我的信任。"

马云告诫每一个创业者："从第一天起珍惜你的每一个客户、珍惜每一个加入你的团队的员工、珍惜所有的股东，因为只有他们对你信任，你才会越走越远。"

在马云看来，做企业就应该要诚信，做企业就应该要有使命和价值观，否则没必要那么辛苦。马云认为："跟创业者、小企业时间做得越长，越明白创业者不容易，诚信是有价值的，是可以变成钱的。"

在经营中，马云非常重视诚信，在与对手竞争时，马云也如此。

2010年7月8日，淘宝网宣布调整搜索排序，加大对卖家服务质量的重视程度。新规则推出后，陆续有部分淘宝卖家"攻击淘宝"，并连续两次到淘宝网杭州总部聚众抗议。这些抗议的人群声称受到新规则的"不公正待遇"，新规则直接导致其利益受损。[①]

面对部分淘宝卖家的抗议，2010年9月5日晚，马云在阿里巴巴集团内网发出告全体阿里巴巴集团员工信，阐述自己对该事件的观点。在鼓励员工坚守原则、为使命而战的同时，马云也告诫创业者："商业就不该害怕竞争，害怕竞争就不该做商业。我们害怕的是不透明的竞争、不诚信的竞争、不公平的竞争。"[②]

马云建议创业者，在与对手竞争时，不要老是想打败竞争对手。

马云为此解释说："我们也不知道跟谁战，也没什么战的，我们很少把竞争当成自己的主业在干，消灭竞争对手未必会赢，老是想打败竞争对手的话，这个公司就变成职业杀手，关键的是怎么帮助你的客户成长起来。"

---

① 张绪旺 . 马云：创业者不怕竞争怕没诚信 [N]. 北京商报，2010-09-08.
② 张绪旺 . 马云：创业者不怕竞争怕没诚信 [N]. 北京商报，2010-09-08.

讲话 19：创业者竞争时不要带仇恨，带仇恨一定失败

马云告诫创业者："要想在竞争中完胜，竞争的时候不要带仇恨，带仇恨一定失败。"马云的理由是："企业现在最多的是竞争，包括在我们这儿也有很多抱怨。阿里巴巴集团、淘宝建了两个市场，很多人杀价，很多人天天杀价，我出 5000 万元，他出 4000 万元，这是最愚蠢的商战，我教一个傻子都会干，这不是企业家的行为。比价算什么英雄？"

马云坦言："竞争最高的境界是什么？竞争是一种乐趣，就是让对手很痛苦，你很快乐，如果你也痛苦，这是走错了，你痛苦他开心，你肯定走错了。竞争的乐趣，两个企业竞争，就像下棋一样，你输了，我们再来过，两个棋手不能打架。现在是很恨，你胜了，我弄死你。真正做企业是没有仇人的，心中无敌，无敌天下，你眼睛中全是敌人，外面全是敌人。什么是企业的生态作战，生态体系下的非洲狮子吃羊并不是因为狮子恨羊，是因为我就是要吃羊，因为可以让我生存。"

在很多场合下，马云告诫创业者说"独孤求败做不得"。马云说："金庸小说里讲到有些高手是寂寞的，如独孤求败，以前看，我觉得不能理解。"

然而，登上高峰的马云却明白了不管是在武林中还是在商业竞争中这种没有对手的痛苦。马云说："没有对手，就没有发展的动力，没有创新的源泉。所以，在 B2B 市场要培养对手，C2C 市场要关注对手。"

众所周知，企业的发展与做大做强都需要良性竞争，这样可以提升

产品和服务的质量，最终让消费者、厂家同时获益。然而，一旦企业之间发生恶性竞争，就可能让企业与竞争者之间相互倾轧，甚至裹挟用户的利益。

从当前中国企业之间的竞争来看，裹挟用户利益的问题越来越突出。管理专家葛雪松、邓中华撰文指出，竞争所蕴含的原本应有的"竞优"比好的机制，被"竞劣"比差的逻辑取代，结果往往就是两败俱伤。[①]

的确，在殊死竞争的战略思维指导下，商业底线通常都会被一一击破。其目的是以失实的污蔑、非正当的破坏、有策划的阴谋来取得所谓的竞争胜利。这样的行为是不值得倡导的。

研究发现，一些企业在创业初期通常秉承"同行是冤家"的战略思维，有的经营者为了抢占十分份额，或者为了打击竞争对手，甚至不惜采取不正当手段频繁攻击竞争对手，或者攻击其产品，结果造成消费者对整体行业的信任度下降，甚至是不信任。[②]

在空调领域，作为行业领头羊的格力电器，遭受恶意攻击就在情理之中了。然而，这样的恶性竞争正在令中国空调行业步入"劣币逐良币"的恶性循环之中。一位不愿具名的空调企业人士透露说："行业内的风气正每况愈下。"

在他看来，在中国空调业内出现的恶性竞争，如恶意诋毁、诬陷、渲染，已经成为一些空调企业打击竞争对手的惯用伎俩，有的空调企业甚至专门招揽"网络推手"公司，在互联网上制造和发布大量的虚假信

---

① 葛雪松，邓中华. 中国企业竞争毒性解析：恶斗毒性诊断书 [J]. 中欧商业评论，2013（5）.
② 葛雪松，邓中华. 中国企业竞争毒性解析：恶斗毒性诊断书 [J]. 中欧商业评论，2013（5）.

息，混淆公众视听，从而恶意地打击竞争对手。①

不仅如此，一些企业利用消费者对某些技术的不了解等因素，对消费者进行扭曲的观念引导，使得消费者对空调产品的质量标准缺乏全面的了解。

该人士还说："这就导致一个结果，专心做研发的企业的产品销售受到冲击，强调恶意营销的企业却得利。长此以往，整个行业的技术研发积极性都会受挫，最终让外资厂商受益，受损失的还是行业本身。"

其实，这一现象并非是中国空调业的特例。从 2009 年以来，中国的数个产业内，不正当竞争的趋势愈演愈烈，同时也引发了大量的恶性事件。如蒙牛产品经理恶意攻击伊利等同行品牌，这就导致了整个中国国产奶业的市场份额出现大滑坡；腾讯、360 将中国绝大多数互联网用户拖入"二选一"的战场，受害的不仅是竞争对手，同时亦是大量用户和行业本身。②

面对目前不断恶性竞争的商业环境，格力电器董事长董明珠在多种场合呼吁，家电界应该停止恶性竞争。董明珠阐述了规避恶性竞争的做法："这个竞争我觉得是必需的，因为人只有在竞争的过程当中才能追赶一个先进的目标，比如说我做得比别人好，别人一定要追赶我，但是我要让人家不超过我，我就必须要更努力，这是一个良性竞争。现在我们讲的恶性竞争，这次我们人大代表提了一个议案上来，就是充分地调查了几个月，针对市场上目前环境的恶劣，希望能够立法。为什么我讲的是恶性竞争，刚才讲的这种是良性竞争，是推动了一个行业或者整个

---

① 王云 . 董明珠：中国创造需要商业环境支撑 [J]. 财经国家周刊，2010（12）.
② 王云 . 董明珠：中国创造需要商业环境支撑 [J]. 财经国家周刊，2010（12）.

社会进步的一个竞争。"

尽管董明珠高调倡导中国企业需要良性竞争，但是令人遗憾的是，在中国企业中，恶性竞争的事件依然在屡屡发生，甚至有些企业采取了各种不择手段的方式，比如用一种恶劣的手段去挖人。

在董明珠看来，最可恶的恶性竞争是，现在网络发达，有一些企业就不择手段，比如说在网络上进行诽谤、攻击、编造，甚至是诋毁；比如说蒙牛事件，三鹿奶粉事件，三聚氰胺，紫砂煲事件。

董明珠之所以把这些事件归入恶性竞争中，是因为这些恶性竞争已经不顾消费者的利益了，只考虑企业自身的利益最大化。

董明珠举例说："紫砂煲这个事件，人家都说可能它的成本就十块钱，但换成一个紫砂煲，它利用一种化学原料变成紫砂煲以后，可能就卖几百、上千块钱，这是坑害消费者的利益，我仍然认为它也是恶性竞争。"

在董明珠看来，要想杜绝恶性竞争，就必须净化中国的商业环境。董明珠在多个场合下呼吁，中国的商业环境需要进行净化，不良的风气亟须遏止，否则中国经济发展将错失通过创新科技调整产业结构升级的大好机遇，甚至走向恶性循环，最终在国际市场中失去竞争力。[①]董明珠的担忧并非杞人忧天，而是一个真实的竞争困境。这样的问题亟需解决。

面对创业者的竞争困境，马云说道："竞争是一种游戏，不是你死我活的事。发展自己时，可以顺便在对方肩膀上拍一下，关掉两个穴

---

① 王云. 董明珠：中国创造需要商业环境支撑 [J]. 财经国家周刊，2010（12）.

位，但不能眼睛只盯着对手。"

在马云看来，竞争最大的价值不是战败对手，而是发展自己，特别是在竞争的时候不要带仇恨，带仇恨一定失败。马云说："竞争者是你的磨刀石，把你越磨越快，越磨越亮。"

无论"西湖论剑"还是"网商大会"，马云在广发英雄帖时，都给竞争对手奉上一张。马云相信："心中无敌，无敌天下。"

马云认为，作为创业者，千万别讨厌你的竞争者，因为"竞争对手是企业最好的实验室，因为竞争对手会研究你。而你也会从他们所提出的任何创新点子中汲取经验。但千万不要模仿，而是学习他们的优点。所以我喜欢竞争对手，而且我始终都以钦佩的目光来看待他们"。

第 **6** 章

融资更要控制权

当 VC 问你 100 个问题的时候，你也要问他 99 个。当初，我拒绝了很多 VC，因为我上过中国黄页的当，他投了以后，你就被他套住了。在你面对 VC 的时候，你要问他投资你的理念是什么。作为一个创业者，一旦当企业最倒霉时，知道会怎么办。

——阿里巴巴集团创始人 马云

讲话 20：不能在融资的过程中稀释掉对企业的控制权

2016 年，当"野蛮人"叩击万科的大门时，一场关于控制权的争论在中国企业界引发开来，在《镀金时代的中国当下，到底需要什么样的企业家精神》一文中，我就谈过，不管万科创始人王石是否愿意，王石的离去已经是一个不争的事实。只是以哪一种方式离开而已。

究其原因，作为第一大股东的宝能是不会心甘情愿地让王石继续留在万科的。当我们梳理"万科门"事件时发现，在这场纷争中，作为创始人的王石不同于纯粹的职业经理人，他有着千万"王粉"为之感动的情怀。可以肯定地说，王石的离去或许为我们这个镀金时代留下一个美好的时代烙印，但是商业是不相信眼泪的。

在这里，我想起了俏江南的创始人张兰，不管张兰愿不愿意承认，张兰一手做大的俏江南如同一个已经出售的"工艺品"，已经与自己无关。

对于张兰来说，自己二十四年辛辛苦苦打拼的俏江南拱手让给旁人，最终落得从企业"净身出户"的下场，实在是心有不甘。不仅如此，俏江南昔日的少东家汪小菲也南下打工，变成了广东心怡科技物流有限公司的首席品牌官。这样的悲情案例让创始人们心惊胆寒，毕竟创始人没有功劳也有苦劳，但是资本市场就是这样，嗜血的本性不会因为悲情而改变。

这样的变故，犹如周星驰电影里的桥段——世界上最悲情的事情不是自己把亲手创建的企业搞倒闭，也不是因为自己的无能而危机重重，而是明明是创始人自己一手做大的企业，最后却把创始人自己残忍地踢出局。

在媒体的聚光下，这些企业创始人表面上风光十足，可在背后他们的心酸和苦楚不是普通百姓可以承担和想象的。万科集团创始人王石在微信朋友圈就发布了一条让天下创始人非常感伤的消息："人生轨迹：当你曾经依靠、信任的央企华润毫无遮掩地公开和你阻击的恶意收购者联手，彻底否认万科管理层时，遮羞布全撕去了。好吧，天要下雨、娘要改嫁。还能说什么？"

回想当年，执掌万科的王石叱咤风云、运筹帷幄，他也不会想到，"门口的野蛮人"如此野蛮，这样悲情的一天会降临到自己头上。事已至此，被踢出局的王石除了无能为力，还是无能为力，只能"欲语泪先流"。

在中国有着标杆意义的王石都是如此，俏江南创始人张兰的出局也就不足为奇了，甚至比王石更惨。当然，并非张兰一个人这样被赶出局。如平安信托正式入主汽车之家成为最大股东时，汽车之家原有管理层全部被清洗——汽车之家 CEO 秦致和汽车之家 CFO（首席财务官）钟奕祺将不再担任汽车之家相关职务，一时间，CEO 和 CFO 双双被踢出局。

为什么会出现这样的问题呢？答案就是企业家在融资的过程中稀释掉了自己对企业的控制权。

研究表明，在做强创业企业的过程中，融资始终是一个绕不过去的问题。作为创业者，由于极度缺乏资金，初创企业融资自然是一件刻不容缓的事情。

然而，马云却告诫创业者，面对初创企业急需资金的情况，创业者必须要冷静对待，绝对不能在资本层面稀释掉对公司的控制权，尤其是在创业成败的关键期。

从一些失去控制权的创业者的处境来看，马云的指导思想更具建设性。因此，作为创业者面对外界资金的注入，必须要能抵制金钱的诱惑。

马云融资时，在洽谈了数家融资方后，马云决定，阿里巴巴集团只接受软银 2000 万美元的注资。

可能有些创业者会问，既然投资方愿意多注资，马云为什么只接受2000 万美元的注资呢？

针对这个问题，马云告诫创业者，面对来自各方的 VC，创业者绝对不能见钱眼开，一旦见钱眼开，极有可能会失去自己在公司的控制权。

研究发现，马云在历次融资中，都坚持阿里巴巴集团的控制权绝对不能旁落他人之手的原则。即使到 2004 年 2 月，阿里巴巴集团第三次融资 8200 万美元，马云及其创业团队仍然是阿里巴巴集团的第一大股东，占有 47% 的股份。

一些创业者为了获得外部的创业投资资本，出让企业的部分股权给那些有经验和能力的创业投资者。尽管双方会签订投资协议和相应的股权协议等一系列合同，接受创业投资的创业企业（以下称风险企业）的产权从法律上讲是明晰的，但是，风险企业中高层管理团队的人力资本具有特殊的重要性，尤其是处于种子期和初创期的企业，可以说大部分价值在创业者的头脑中，也就是说：即使创业者在企业中的股份不多，但他们拥有许多实质上的控制权。

对此，马云强调，阿里巴巴集团在融资过程中，坚持的原则是"不许任何人控股"。当然，在今天，我们来剖析马云"不许任何人控股"的创业忠告时，不难发现这其实与马云曾经的经历有关。

时间回到 1996 年 3 月，为了让中国黄页更好地发展，马云决定，将中国黄页与杭州电信合并。然而，让马云没有想到的是，当中国黄页与杭州电信合并之后，由于中国黄页只占 30% 的股份，其话语权不足，从而导致中国黄页处处受到杭州电信的牵制。

按照马云当初的设想，中国黄页最终的目标是打造成"中国的雅虎"。杭州电信的主要目的却是赢利。双方经营理念的不同直接导致了决策上的巨大分歧，马云提出的种种计划都在杭州电信的无视下化为泡影。或许马云就是在那个时候看到了资本控制企业的弊端，所以，在创办阿里巴巴集团时，他一再强调不许任何人控制阿里巴巴集团，他自己不控股，也不许别人控股。

对此，马云告诫创业者说："几乎所有民营企业吃过一次亏就是想方设法去控股。我没有控股董事会。我成立阿里巴巴集团的时候，就跟董事会投资者讲，阿里巴巴集团的董事会是一个工作的董事会，不是分享权利的董事会。CEO 要凭自己的智慧、勇气、胆略去领导这个公司。"

马云的忧虑是有道理的。2015 年 4 月 20 日，外媒曝出一个重磅消息称，俏江南创始人张兰的个人资产已遭冻结。这条消息一经曝出，来自世界各地的媒体纷纷就此事向当事人张兰核实。张兰在接受媒体采访时表示，自己并不知道此事。

在俏江南的负面报道中，张兰已不是第一次以"不知道"的回答来回应关于俏江南漫天飞舞的种种传闻。俏江南传出股权出售的消息是在 2013 年，当时有媒体报道称，俏江南将出售股权给 CVC（CVC

CAPITAL PARTNERS）公司，且谈判进入高级阶段。而在 2014 年，这则消息终于落定：CVC 以 3 亿美元收购俏江南 83% 的股权，张兰继续留任俏江南，彼时的消息是，张兰仍是公司主席、股东之一。

面对媒体的问询，张兰当即否认，称"半点儿都不属实"。对于引进 CVC，俏江南方面屡屡语焉不详，张兰曾公开对媒体表示，传言不属实，也曾回复《证券日报》记者的短信称"不是事实""都没具体意向，但俏江南品牌我一定会发扬光大，并做成世界级品牌，百年老店，这是我一生追求与梦想"。

在这里，我们先来看一下俏江南的引资史，见图 6-1。

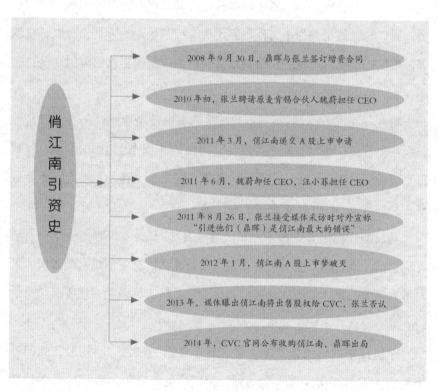

图 6-1 俏江南的引资史

从图 6–1 可以看出,早在 2008 年,俏江南就引入鼎晖。鼎晖以 2 亿元的价格获得俏江南 10.53% 的股权。

此后,俏江南在 A 股递交了 IPO 申请。由于中国证券监督管理委员会就餐饮行业相关审核政策尚不明朗,且递交材料超过有效期,俏江南 A 股 IPO 谋求失败。之后公司将上市的目标转向了港交所,进展仍不顺利。

2014 年 4 月份,CVC 宣布出资 3 亿美元(约合人民币 18.2 亿元)获得俏江南餐饮连锁企业 83% 的股份。

当 CVC 获得了俏江南绝大部分股份后,踢除创始人张兰只是早晚的事情。在这样的背景下,CVC 先发制人,高调地要求中国香港法院冻结俏江南集团创始人张兰的资产。

CVC 的理由是,2013 年支付给俏江南入股用的大笔资金去向不明。此次事件对张兰影响非常大,因为 CVC 觊觎俏江南董事长的位子已经很久了。

多次冲击上市未果,到如今两次与投资人闹翻,张兰带领的俏江南可谓诸事不顺。由于高端餐饮光环早已不再,加上俏江南内部纠纷又不断,由此看来,张兰出局早已注定。

讲话 21：钱太多了不一定是好事，人有钱才会犯错

在美国的硅谷，流传着一个著名的"餐巾纸"融资模式。一般的，只要创业者在咖啡馆的餐巾纸上写下自己的创业想法和商业模式，往往就可以拿到一笔不小的 VC。这样的经历马云也同样有过，在阿里巴巴集团获得第二笔 VC 的过程中，马云的融资过程被渲染为一个"神话"。这个"神话"是：马云竟然用 6 分钟就赢得了孙正义 4000 万美元的 VC。在中国企业界，这个故事被成千上万的创业者视为圭臬。

但当马云用 6 分钟赢得全世界最成功的互联网投资人 4000 万美元的投资时，马云和阿里巴巴集团对此却犹豫不决，最终只融资了 2000 万美元。

在很多论坛上，有一部分研究者批评马云过于保守，VC 的钱不要白不要。不过，马云不这么认为，马云说："融资就是个加油的过程，如果路程很短又何必加这个油呢？阿里巴巴集团上次融资融到了 2500 万美元，到现在我只花掉了一个零头，还有 2000 万美元一分没动。所以我只有花 2000 万美元的本事，给我一亿元我花不出去。什么意思？融到资企业就要上规模，我只有管 100 人企业的本事，你一下子给我一家 500 人的企业，我只能把它做垮。"

在《赢在中国》中，作为创业导师的马云就善意地告诫创业者盲目引入 VC 的后果。

该创业选手的创业项目是，在汽车用品厂商与车主之间搭建一个服务平台，为车主提供产品和施工服务。

　　马云倾听了其想法后，当即给该创业选手建议："你的项目不错，人很踏实，但是不应该给你钱，给你钱会害了你。很多人失败的原因不是钱太少，而是钱太多。刚开始做得小一点，一点点积累，你会做得很踏实，所以你这个项目最好三年以内不要考虑赢利，不要考虑融资。"

　　马云的告诫值得创业者参考。作为一个刚创办不久的创业企业，摆在首位的是脚踏实地把初创企业的基础打好、打牢，而不是急于去各种场合融资。

　　在马云看来，钱太多了不一定是好事，人有钱才会犯错。马云说："投资者老是希望投更多的钱，我们现在每月都以一种双位数的规模在成长，无论是销售额还是利润，我们不需要钱，钱太多了不一定是好事，人有钱才会犯错啊！"

　　在转型期"物欲横流"的中国，马云并非是唯一一个被投资机构追着投资的企业家。在贵州省会贵阳创业起家的陶华碧也面临同样问题。尽管陶华碧没有像马云那样频频高调地出现在公众的视野中，但是陶华碧却有着自己的经营方略。她的做法比马云更为稳健：坚持"不贷款、不融资、不上市"的"三不政策"。

　　可以肯定地说，这"三不政策"已经成为"老干妈"的实业标签，也让一众投资机构垂涎三尺却只能望而却步。在做强老干妈的过程中，融资始终都是一个绕不过去的问题。在陶华碧看来，融资犹如罂粟一样，一旦染上，就可能步入万劫不复的境地。尽管在扩大规模过程中出现极度缺乏资金、也有机构或者银行愿意给老干妈注入资金的情况，但是陶华碧却依然坚持"不贷款、不融资、不上市"的"三不政策"，做到了"有多大能力做多少事情"的稳健策略。

　　在陶华碧看来，投资机构并非活雷锋，其目的就是投资利益最大化，在创业成败的关键期，即使在急需资金时，也必须冷静对待，一旦接受融资，也就意味着在资本层面稀释掉自己对老干妈的控制权。

陶华碧尽管没有上过一天学，但是经常关注新闻的她必然深知失去控制权意味着什么。一些创业企业在融到创业投资后，在创业投资者的操盘下，积极引入职业经理，创始人从公司"一把手"的位置后撤，如一些技术出身的创始人转向主要负责技术开发，而不负责公司的总体发展和日常管理等。

从这些失去控制权的创业者的处境来看，陶华碧的"不贷款、不融资、不上市"的"三不政策"更具建设性。因此，作为企业家，当面对外界资金注入时，必须能抵制金钱的诱惑，真正地做到"有多大能力做多少事情"。这是陶华碧给中国企业家提供的一个成功范例。

在研究家族企业的社会化时发现，传统的家族企业发展到一定规模时往往会进行社会化，其阶段有以下三个。

第一阶段，管理社会化。家族企业的非家族化管理是家族企业社会化的第一步。在家族企业社会化的进程中，最先遇到的就是家族企业在管理上的社会化。因为家族企业一旦规模扩大，实行多元化经营，必然导致家族企业内部的人才短缺与家族企业的运行要求相矛盾。这就会迫使家族企业将挑选人才的目光转向家族之外。

所谓家族企业管理社会化不仅指家族企业的所有权和经营权两权分离，更为重要的是，家族企业由非血缘关系组成决策机构，即职业经理人团队来经营家族企业，但家族企业的控制权依然在家族手中。

目前，我国大多数上了一定规模的家族企业都聘任了外人担任家族企业的重要管理者，如总经理、总会计师。家族企业的规模越大，家族企业所从事的行业技术构成越高，家族企业管理社会化的进程就会越快，因为在这样的情况下，家族企业管理社会化的要求会越强烈。因此，家族企业管理社会化其实就是由家族占据企业控制权，而由职业经理人团队来管理企业。

第二阶段，所有权社会化。家族企业所有权社会化主要是指，在某种程度上稀释家族企业的股份，而非家族成员占有相当比重的股份，使家族企业的股份公众化。也就是说，家族企业财产所有权不再是某个家族独有，传统的仅限于家庭成员持有 100% 股权的局面就被打破了。当家族企业所有权社会化后，其拥有者不再全是家族成员，可能血亲关系已经非常淡化，甚至是没有血亲关系。

第三阶段，管理和所有权社会化。这类家族企业已经完全摆脱、褪掉家族色彩，可以说，这类家族企业已经不再被公众认为是一个家族企业了。所谓家族企业的完全社会化指的是家族企业完全脱离了家族色彩，家族在企业中不再具有优越的地位，家族成员成为企业中的一般成员。

在家族企业社会化的过程中，上述三个阶段并非都是单独分开的。由于家族企业自身的情况不同，在社会化的过程中，家族企业采取的方法和阶段可能不同。

在阿里巴巴集团的社会化过程中，这三个阶段都经历了。2010 年 10 月，有关阿里巴巴集团控制权的问题再次引发媒体的广泛关注。根据阿里巴巴集团与雅虎的协议，2010 年 10 月，雅虎将拥有阿里第一大股权及与马云等管理层相当的董事席位。媒体由此分析认为，马云等有可能失去对于阿里巴巴集团的控制权。[①]

在中国计算机大会上，马云对此问题进行了解释，马云称，尽管外资是阿里巴巴集团的控资大股东，但是外资不会控制阿里巴巴集团，他们自己会掌控阿里的未来。以下为马云的讲话内容：

> 我要感恩。没有资本，可能阿里巴巴集团发展不会那么顺利，但是没有这个人的资本，还有他或他的资本，但是（如果）没有我们的价值体系，没有员工的点点滴滴，没有对未来的把握和社会的感恩，就不可能有我们的阿里巴巴集团。我们不会放弃原则，但是做任何事，必须是合法、合理、合规，还有合情。
>
> 我坚信不疑的事情是：资本只能是赚取利益，资本家永远是舅舅，你是这个企业的父母，你要掌握这个企业的未来。股东永远是第三位，他（指资本）永远是舅舅，买奶粉的钱不够就借一点。
>
> （当初）初创阿里巴巴集团时，曾经至少拒绝了30家VC投资，原因是他们要求控制阿里巴巴集团。
>
> （另外）影响我的一定是消费者的需求，这是第一个；第二个影响我的一定是我的团队，我的同事告诉我这个东西错了，我会很认真地停下来听；股东说（做）错了，你说得清楚一点，我再听听，最后是我自己决定。[②]

---

① 马云 . 马云：资本永远是舅舅 自己掌握阿里未来 [J]. 中国企业家，2010（10）.
② 马云 . 马云：资本永远是舅舅 自己掌握阿里未来 [J]. 中国企业家，2010（10）.

在此次大会的演讲中，马云的观点非常明确，那就是"资本只能是赚取利益，资本家永远是舅舅，你是这个企业的父母，你要掌握这个企业的未来"。

在阿里巴巴集团融资中，马云及其团队始终坚持"外资不会控制阿里，自己会掌控阿里的未来"的原则。在 2000 年 1 月，为了让阿里巴巴集团更好、更快地发展，融资问题已经迫在眉睫。

作为创始人的马云带着最得力的创业伙伴、财务总监蔡崇信与软银谈判引进战略投资，经过艰苦的谈判，投资事宜终于尘埃落定，甚至还超出了马云的意料，孙正义答应软银向阿里巴巴集团提供 4000 万美元的投资。

在这次引进战略投资谈判中，作为财务总监的蔡崇信连续三次拒绝了孙正义。据蔡崇信回忆说："对孙正义说'不'是需要勇气的，他是一个几乎让人无法拒绝的人，当时在互联网界他投资雅虎的故事已经让人听得耳朵都起茧了。可能因为我们当时资金还是比较充实的，我对他说了三次'不'。"

马云与财务总监蔡崇信在引进战略投资中旗开得胜，马到成功。当他们返回阿里巴巴集团总部，在董事会上宣布谈判结果——软银向阿里巴巴集团提供 4000 万美元的投资后，这一结果在董事会中掀起了轩然大波。

尽管注资是一件大好的事情，然而，董事们却一致认为，这样的投资结果会导致股东结构不平衡，一旦将来再融资时，就会出现重大问题。

在经过深思熟虑之后，马云向孙正义的助手坦言，阿里巴巴集团只需软银提供 2000 万美元的投资。

马云说："我们只需要足够的钱，太多的钱会坏了事。是的，我是在赌博，但我只赌自己有把握的事。尽管我以前领导的团队不超过60人，掌握的钱最多200万美元，但2000万美元我管得了，太多的钱就失去了价值，对企业是不利的，所以我不得不反悔。"

这在很多创业者看来，是一件只有傻子才做的事情，而马云却振振有词地说："钱多了未必是好事，因为你不一定懂得如何花这些钱，放在银行睡大觉还不如不要。再说我也没管过那么多钱，一下子给了我们几千万美元，怎么管得了？"

在马云看来，融资是为了让阿里巴巴集团更好地高速发展，而不是卖掉阿里巴巴集团，这在阿里巴巴集团的历次融资谈判上也可以看出，每次融资时，一旦涉及股份问题，马云的态度都非常明确。马云坚持的原则就是——外资不会控制阿里，自己会掌控阿里的未来。

马云这种自始至终坚持的"以我为主"的融资之道，才是经过数次融资，马云控制阿里巴巴集团的方向权依然没有旁落外资的一个真正原因。马云深知，融资全世界多得很，而阿里巴巴集团只有一个。马云"以我为主"具体体现在两个大原则上，见表6-1。

表6-1 马云"以我为主"融资之道的两大原则

（1）决不出让控股权	在阿里巴巴集团的融资中，无论是高盛，还是软银，其注入的风投资金都不能超过阿里巴巴集团股权的49%以上，而阿里巴巴集团的控股权必须永远牢牢掌握在阿里巴巴集团团队手中。事实上，阿里巴巴集团在创业融资过程中，其融资都是非常成功的，且上亿元的融资就曾经有过三次。而引入的最大的融资高达10亿美元（除去上市直接融资）。但无论软银还是雅虎，谁都没有拿到控股权
（2）主动挑选	在历次阿里巴巴集团的融资中，马云都坚持"主动挑选"的原则，即使是在阿里巴巴集团最艰难揭不开锅时，马云同样坚持"主动挑选"原则。在阿里巴巴集团发展过程中，要融多少资，要引入什么样的战略投资者，接受什么样的条件，都必须建立在以阿里巴巴集团利益为主、以阿里巴巴集团的长远战略为依据的基础之上

讲话 22：VC 永远是舅舅，创业者才是父母

　　由于经常给总裁班讲课，我经常接触到一些企业家，有些是初创企业的创业者。他们非常关心投资问题："周老师，您接触的人很多，能否帮忙介绍几个投资者，我们公司需要扩大规模，至于股权比例，投资者尽管开口。"

　　每每遇到这样的企业家，或者初创企业创业者，我总是告诫他们在融资过程中需要考虑成熟，特别是在引入 VC 时要慎重，因为一旦让 VC 主导，那么企业家，或者初创企业创业者无疑会失去经营控制权，当初的创业梦想必然化为泡影。

　　企业家，或者初创企业创业者之所以这样做，是因为他们热衷于盲目扩张，急于求成，有的创业者在创业没有多久后就急于扩大规模。为了达到扩大规模的目的，甚至不惜失去初创企业的控制权，这样的做法显然是错误的。

　　马云在《赢在中国》栏目上就曾告诫过创业者，VC 永远是舅舅，创业者才是父母。

　　马云是这样解释的："跟 VC 谈风险计划，我们是平等的。当 VC 问你 100 个问题的时候，你也要问他 99 个。当初，我拒绝了很多 VC，因为我上过中国黄页的当，他投了以后，你就被他套住了。在你面对 VC 的时候，你要问他投资你的理念是什么。作为一个创业者，一旦当企业最倒霉时，知道会怎么办。"

　　面对 VC，创业者必须理性地对待，引入 VC 必须互相约束。为此

马云介绍说："如果你是一个好公司，七八个 VC 会追着你转。追着你转的时候让他们把帮助你的计划和方法写下来，同时你的承诺每年都要写下来，这是互相的约束，是婚姻合同。我觉得为什么今天我拿 VC 有信心，我从来没有做错的，有的人说阿里巴巴集团的数字有假，但是孙正义他们不是傻瓜。"

毫无疑问，初创企业一旦决定引入战略投资者，就意味着将放弃对初创企业一定程度的控制权。这也未必是一件坏事情——假如能够正确地对待战略投资者，那么战略投资者将会提升初创企业的经营能力，初创企业无疑会拥有更多的成功机会。

在做强初创企业的过程中，特别是创业初期，有些创业者就想着如何引入战略投资者。对此，有人说："资本是一个很奇怪的东西，它让人又爱又恨，没有资本使一家企业举步维艰，有了资本也能让一家企业寸步难行。中国有很多企业因为强调控股权与控制权，最终陷入了利益斗争中，影响了公司发展。"①

究其原因，还是创业者没有能够正确地对待战略投资者，有的创业者甚至把战略投资者当作主人，而把自己当作仆人了。

马云却不认同很多创业者这样的做法。马云强调，不管是战略投资者还是创业者，在引入资金时，双方都是平等的，不存在主仆关系，作为创业者必须尊重每一位股东，但是创业者需要注意的是，尊重战略投资者并不代表完全服从战略投资者。

马云说："对股东，我尊重他们，我倾听他们，但我会按照我自己

---

① 余在杭. 芝麻开门：马云和阿里巴巴的成功之道 [M]. 北京：中国时代经济出版社，2007.

的想法去做。"

马云的告诫给诸多创业者提了一个醒，那就是创业者和投资者之间不存在主仆关系，只存在着相互尊重的关系。当阿里巴巴集团遇到需要做决定的事情时，如企业发展方向、营销战略等等，马云及其管理团队会做出决定。马云说道："所以我后来接受的投资都没有动，是压舱之石。要在阳光灿烂的日子修屋顶，不能在下雨天去修屋顶。"

在其他场合，马云再次告诫创业者："我坚信不疑的事情是，资本只能是赚取利益，资本家永远是舅舅，你是这个企业的父母，你要掌握这个企业的未来。"

对于那些有意向引入 VC 的创业者，马云建议，在选择投资者的第一天时就和投资者讲好："倒霉的时候我是需要你的，要是倒霉时你比我跑得还快，那可不行。所以，我觉得脑袋要决定口袋，但脑袋要知道自己做什么。"

反观阿里巴巴集团的发展，因为马云始终坚持相互尊重的原则，到如今为止，不管是软银的孙正义，还是高盛，马云和投资者之间的关系都非常融洽。

马云经常向投资者汇报阿里巴巴集团的经营情况。相反，一些创业者得到了战略投资之后，一旦创业企业遭遇经营困难，或者遭遇危机时，往往会隐瞒初创企业的经营状况，尽可能地回避战略投资者，甚至把初创企业经营不善的责任推诿给社会环境，或者竞争者身上。

为此，马云告诫创业者："我登门是去访问我的投资者，我必须向他们报告一下我前一段时间做得怎么样。有时候我们的交流很少，大家就在一起喝个茶、吃个饭，在办公室里胡侃一下。"

马云这样做，加深了创业者和投资者之间的沟通，一旦沟通到位就可以减少诸多不必要的麻烦。因此，当初创企业经营困难时，就必须和投资者沟通，因为既然投资者是舅舅，就有帮助外甥渡过难关的义务。当企业遇到困难时，投资者必须和企业、企业家共同进退。[1]

---

[1] 余在杭 . 芝麻开门 : 马云和阿里巴巴的成功之道 [M]. 北京：中国时代经济出版社，2007.

第 **7** 章

做久更胜于做强

面对危机，中小企业当前的首要战略就是活下去，不死才是硬道理。

——阿里巴巴集团创始人 马云

讲话 23：中小企业的战略首先就是活下去

在中国，许许多多的创业者都热衷做大做强，似乎没有这样的雄心就可能被认为是小富即安。然而，马云认为，对于小公司而言，当前最重要的任务就是生存和发展。

在马云看来，生存和发展比几年之内成为世界 500 强要重要得多，因为企业一旦连生存和发展都不能维系，成为世界 500 强企业无疑就成为无稽之谈。

在公开场合，马云同样表达了类似的观点。2008 年 3 月，作为创业教父的马云出席深圳华侨城洲际酒店举办的阿里巴巴集团网商论坛，在该论坛上，马云提出了中小企业在此次金融危机变局中脱困的方法。马云的观点是："中小企业的战略是什么？首先应该是活下去！"

当时，由于人民币升值造成了外贸前景不明朗、电子商务变局、生产成本急剧上升的局面。珠三角区域乃至全中国的外贸企业都期望找到一条切实可行的解决之道。在这样的境况下，马云说："你想干吗，你该干吗和你干多久，三个问题首先要搞清楚。"

在马云看来，中小企业的战略首先就是活下去，坚持到最后就是成功。①尔后，在阿里巴巴集团网商论坛上，马云再次作了主题为"次贷危机下中小企业生存之道"的演讲。演讲提到，中小企业受美国次贷危机的影响，美国经济增长趋缓，人民币升值压力加大，中国的外贸企业面临美国方面需求减少、外贸交易成本大大增加的局面。特别是一些靠低价优势出口的中小外贸企业面临前所未有的压力，"活下去"已成为这些外贸企业的首要战略。②马云因此认为，对于中小企业来说，做久比做大更有积极意义。

在撰写《老干妈的香辣传奇》一书时，我研究了诸多中国中小企业的发展轨迹，一个重要的特点就是小而精。这类企业的竞争力通常较强。陶华碧经营的老干妈就是一个典型的传统产业，从创业开始，到如今成为行业冠军，始终在小小的辣椒产业上挖掘自己的蓝海市场。

深谙小而精之道的马云，了解浙江省温州等城市典型的创富故事，例如，一粒纽扣、一块布头、一条拉链创出了巨额财富，从而创造出温州模式的商业神话。

在这里，我们先来搞清楚什么是温州模式。所谓温州模式又被称作"小狗经济"，贴切形容了温州遍地小企业、小家庭作坊的场景。

具体是指浙江省东南部的温州地区以家庭工业和专业化市场的方式发展非农产业，从而形成小商品、大市场的发展格局。小商品是指生产规模、技术含量和运输成本都较低的商品。大市场是指温州人在全国建立的市场网络。

---

① 刘晓燕，王亚宁. 马云：中小企业首先要活下去 [N]. 南方都市报，2008-03-06.
② 中国新闻网. 马云：中小企业首先要活下去 借次贷危机重新洗牌 [EB/OL].2017.http://www.chinanews.com/it/hlwxw/news/2008/03-17/1194378.shtml.

在浙江省义乌市，有一家企业叫双童吸管公司，该企业尽管规模很小，但却是赚小钱的"世界冠军"。可能创业者没有想到的是，双童吸管公司所生产的产品其实就是在大街小巷随处可见的、喝饮料的一根根塑料吸管。

每一辆运货车上都写了"双童吸管——全球最大的吸管供货商"的广告。由此可见双童吸管公司生产吸管的规模。

双童吸管公司副总经理张国俊在接受媒体采访时介绍说道："公司五年前从事出口，现在90%以上的吸管外销，一手的产量占了全球吸管需求量的1/4以上，世界各地都在用我们双童的吸管。"

可能有创业者对此不屑，因为一根细细的吸管压根就没多少价格，其利润也甚小。尽管利薄，企业也很小，但是凭借海量的规模，同样也可以赚得盆满钵满。

张国俊在接受媒体采访时坦言："平均销售价在每支8~8.5厘钱，其中原料成本50%，劳动力成本15%~20%，设备折旧等费用15%多，纯利润约10%。也就是说，一支吸管的利润在8~8.5毫钱之间。"

尽管这样的利润小得不能再小，但是双童公司却依然能够赚到巨额的利润，因为他们能有效地控制成本。毕竟双童吸管公司在成本竞争中领先了竞争者。

为了能有效地控制成本，双童吸管公司必须做到杜绝一切浪费：夜里的电费成本低，公司就把耗电高的流水线调到夜里生产；吸管制作工艺中需要冷却，生产线上就设计了自来水冷却法……当然，产品的最终质量必须是过硬的。吸管要耐热，所采用的塑料就必须符合安全标准；不同国家的客户对吸管的颜色、形状有不同的需求，有的甚至只需要黑色的吸管，公司就要及时开发。

控制成本是双童吸管公司赚取微利的一个法宝。而张国俊在接受媒体采访时说："这是不得已而为之。不精打细算，我们就保不住微利。"

在很多创业者看来，吸管企业不仅规模小，且没有什么科技含量，利润超薄，但是双童吸管公司却在目前实体经济下滑的趋势中稳步发展。

客观地讲，正是因为吸管这样的产品，跨国公司不屑于研发和生产，而浙江商人却因为微利反而将吸管做到了小而精。如今，双童吸管公司每天竟然有两个集装箱约 8 吨重 1500 多万支吸管产品销售到世界各地。

据张国俊测算，这么一根根小小的吸管给公司带来的利润每月是 40 万元，而且市场非常稳定。因此，有了资本积累的双童现在又向生产塑料口杯等不起眼的领域扩展，同样很顺利。[①]

双童吸管公司的成功在于"薄利"与"多销"，只要形成良性的互动，尽管双童吸管公司规模很小，赚到的利润依然很多。

对此，张国俊认为，"商人要赚钱，就要降低生产成本，同时注重薄利多销，从一点一滴中积累财富。"据张国俊介绍，目前，我国很多小企业的利润空间都远远大于 8 毫钱，然而，由于不懂得控制成本，不

---

① 胡喜盈，唐伟. 义乌商人一分钱利润的启示 [J]. 经纪人，2006（1）.

懂得薄利多销，而且财务管理的水平低劣，到最后甚至连 8 毫钱的利润空间都保证不了，落得只能以倒闭了之。[①]

讲话 24：面对危机，中小企业不死才是硬道理

整个 2016 年，创业公司倒闭的新闻屡屡登上媒体的头条。2016 年虽然已经过去，但是遭遇严冬的企业家们此刻感慨万千：一是，"资本寒冬""估值跳水""融资放缓"等主要关键词仍然霸据整个企业；二是，多家创业公司接连死掉，尸横遍野的情景让企业家们黯然神伤。

回顾这一波又一波的倒闭潮发现，始于 2015 年下半年的资本寒冬至今没有解冻的迹象，这期间被"冻死"的创业企业不计其数，不胜枚举。

当风力正盛时，风口上的飞猪顺势而飞，当风停了，飞猪自然也就被摔死了。道理很简单，猪还是那头猪，因为风小，而飞不起来。2016 年创业公司半年报中倒下神坛的创业公司，输就输在没有坚持"面对危机，生存和发展是硬道理"的战略上。

---

① 胡喜盈，唐伟 . 义乌商人一分钱利润的启示 [J]. 经纪人，2006（1）.

当中小企业大面积倒闭时，一些媒体就问及马云中小企业生存与发展的经营策略。马云告诫创业者："面对危机，中小企业当前的首要战略就是活下去，不死才是硬道理。"

马云的观点很有借鉴性。研究发现，很多创业公司的倒闭不是因为金融危机等外部环境，而是因为自身过于热衷多元化投资，结果导致战线过长，缺乏应有的资金而使得现金流断裂，最终不得不倒闭。

这样的问题在前几年的金融危机中也出现过。当席卷全球的 2008 年金融危机爆发后，很多创业者因为盲目出击而遭遇倒闭。

2008 年，金融危机席卷全球，作为出口大国的中国也未能幸免。这场金融危机作为一根导火索，引爆了中国诸多中小企业的倒闭。

当企业家谈金融危机色变的时候，一个叫包存林的老板因为资金链断裂而自杀了。这条新闻犹如一个重磅炸弹在兴化乃至泰州的街头巷尾炸开了。

很多人都在谈论着这件事情，因为包存林是不锈钢城的大佬级人物，而且生产不锈钢的 1000 多家企业，几乎都知道包存林。

包存林是江苏兴利来特钢有限公司总经理，兴化不锈钢业领军人物之一。包存林经营的江苏兴利来特钢有限公司年产值达到 6 亿~10 亿元，利税 1 亿多元。这样的规模在整个戴南镇企业中排前三名。

可是，作为兴化不锈钢业领军人物之一，且公司业绩如此辉煌的亿万富翁，在事先没有任何疾病征兆的情况下，为何突然自杀呢？

关于包存林的死亡，据知情人透露，是因为包存林铺的摊子太大了。这个观点得到戴南镇同样做不锈钢生产的一位企业主的印证。

该企业主在接受媒体采访时指出，"包存林的负债主要是因为 2008 年兴利来的超速扩张。兴利来是大企业，原料、生产、销售等各个环节都有涉足。"

据兴利来一位不愿意透露姓名的员工透露，除了高速扩张以外，"库存过高是资金紧张的又一个原因"。

据介绍，在融资中，包存林先后向各大银行借贷数亿元，还贷成了其沉重的包袱，特别是在金融风暴、不锈钢行情总体不景气的情况下。

业内人士介绍，2008 年以来，不锈钢行业遇到了前所未有的"寒流"，当地已有半数不锈钢经营者选择了停产或半停产，同比 2007 年当月，产值至少缩水了六成。以不锈钢主材料之一——镍板来说，2007 年其价格每吨还在 42 万元左右，而 2008 年已经跌到 7 万元，不锈钢成品的市场需求和价格同时出现了大幅度的下滑。

不仅如此，包存林 2007 年在高价位时曾购买了大量的镍板，在 2008 年不锈钢成品销售价格低、销售量小的情况下，势必亏损严重，资金不能及时回笼。

这样的案例印证了马云的观点——与其盲目扩大规模，倒不如提升企业竞争力。在公开场合下，有创业者问马云，作为小企业老板来说，最佳战略是什么？马云的回答是："活下来，挣钱。"

马云的告诫是值得创业者学习的，因为在创业初期，不管是想要做强，还是做大，企业活下去才是最为核心的战略。初创企业只有活下去，才有可能谈发展；初创企业只有活下去，才能谈规模；初创企业只有活下去，才可能寻找企业发展的机会；初创企业只有活下去，才有创业成功的可能。因此，在创业之初，创业者最恰当的战略是让初创企业活下去。

对于那些即将创业，或者正在创业的人来说，创业的进程要稳健，不宜盲目扩张，因为一旦盲目扩张，创业者可能无法控制其潜在的风险。

在马云看来，与其盲目扩张而倒下，还不如活下来，挣钱最实在。我们经常看到一些创业者总是在大书特书其战略目标，甚至有创业者提出"三年超英，五年赶美"——三五年进入世界 500 强。

2008 年，金融危机发生后，扩大内需消费成为拉动中国经济的一驾马车，面对中国十亿多人口的市场，一些创业者纷纷扩大规模，似乎都在抢占这一潜力巨大的市场，过去某些品牌企业曾犯过的错误，一些创业者正在重蹈覆辙。

在这些创业者看来，十亿多人口的市场足可以大展宏图，因此也不问市场，不做足够的调查，直接买地买设备，大规模扩充产能。[①]

殊不知，创业者这样做可能会使企业发展面临隐患，甚至有可能使产品市场陷入疲软。从企业内部来说，盲目扩大规模，企业容易陷入

---

① 中国建材报编辑部 . 门窗幕墙企业存隐患 切忌盲目扩大规模 [N]. 中国建材报，2011-08-09.

追求数量而忽视质量的误区，低水平重复建设，效率低下。而且，基础不稳固的高速度发展是无法持久的，如果企业规模超出了自身的管控能力，肯定会出大娄子。甚至，表面上规模很大，实际资产却很差，将面临种种潜在风险。[①]

在《赢在中国》第一赛季晋级篇第二场中，创业选手邵长青的参赛项目是，建立跨行业跨地区通用理财积分交换管理软件系统及数据库系统以打造联合营销平台。在掌握大量的消费者数据和消费行为数据后，联合加盟商户开展各种专门的营销活动并协助商家培养客户忠诚度。

在节目现场，马云让邵长青用半分钟时间解释其公司的战略。邵长青介绍说："我公司的战略，首先我的目标，我是中产阶级生活理财第一忠实伙伴，这是我们的使命。而我相信我们有着优秀的团队和终端运营系统，我们两大撒手锏是终端运营系统和高度创新营销服务体系，如果要讲这个战略，涉及商业秘密，因为在这个行业中还有两个竞争对手，我能不能这样解释，我只能讲如何打败他们，可以吗？"

邵长青继续介绍说："我想在这个行业中有两家比较强势的竞争对手，但是第一家我相信我能打败他们：第一点，有一家运营商他非常信任，非常依赖于一家专业的信用卡网络体系，他相信他的网络和他的商户资源庞大，但这一点恰恰忽略了他的目标客户，而任何一个盈利的项目一定不能离开客户，关注客户是你成功的必要条件。另外一家，他关注了客户，但他的目标群不够大，更重要的一个瓶颈是他选择了一个承载的载体，比他的目标客户群还要小，所以他不可能成功。而我相信这

① 中国建材报编辑部 . 门窗幕墙企业存隐患 切忌盲目扩大规模 [N]. 中国建材报，2011–08–09.

是两个非常具有软肋的地方，而我要运用我的终端运营平台和高端创新的服务体系去打败他，这是我的强项。"

当邵长青介绍完之后，马云点评说："因为你讲了好几个战略我很好奇，小公司的战略是几个字，活下来，挣钱。但是我觉得打败对手绝对不是战略。你讲战略的时候，你要很清晰地说，我想做什么，我该做什么，怎么做，我对手的情况怎么样，你能够半分钟把它讲清楚，你只要讲得很清楚，投资者知道你干什么，这就可以了。你刚才讲了几点，你的目标，你的对手，但是我觉得想提醒的就是对手不是战略，不要因为对手去制定战略。"

在马云看来，活下来，挣钱是创业企业的重中之重。马云说："战略包含着很多因素，你刚才讲的不是战略，是下一步的规划。战略有很多意义，小公司的战略简单一点就是活着，活着最重要。"

讲话 25：对于一个创业者来讲，首要的是解决生存问题，解决就业问题，实现你的理想

在中国企业家中，华为创始人任正非是一个不得不提及的名字。《华为公司基本法》开篇，核心价值观第二条是这样阐释的："为了使华为成为世界一流的设备供应商，我们将永不进入信息服务业。通过无

依赖的市场压力传递，使内部机制永远处于激活状态。"

"永不进入！"这不仅是拒绝诱惑的具体表现，同时也是保证华为这个企业能够生存和发展的关键所在。在华为内部，任正非曾对员工作了一个叫"企业不能穿上红舞鞋"的演讲。任正非坦言，红舞鞋虽然很诱人，就像电信产品之外的利润，但是企业一旦穿上它就脱不了，只能在它的带动下不停地舞蹈，直至死亡。任正非以此告诫下属：要经受住其他领域丰厚利润的诱惑，不要穿红舞鞋，要做老老实实种庄稼的农民。

在任正非看来，要想打造一家伟大的公司，在初创时期，活着是最重要的。任正非和马云的个性虽然不同，马云喜欢高调展现自我，经常在媒体接受采访和担任创业评委，而任正非异常地低调，几乎不接受媒体的采访，但是他们的经营策略却惊人地相似——小公司活着最重要。

当我们查阅相关资料时发现，马云有非常多的视频资料在强调小公司活着最重要的观点。比如，在《赢在中国》第一赛季晋级篇第九场中，马云就告诫创业选手菅毅称，创业者首要的任务是解决生存问题，而不是如何做慈善事业的问题。该创业选手的参赛项目是：自由职业服务网。为自由职业者提供服务，同时也为企业提供服务。

当马云问完自己关心的问题后，马云点评道："不要相信投资者的话，你最后上了熊总的一个当，他说你多出来的30万元去做慈善事业，你回答如果投资者同意的话我就去做，这个投资者同意，你也不一定去做，因为你知道你现在需要的是生存，这30万元对你来说生存和发展更为重要，对于一个创业者来讲，首要的是解决生存问题，解决就业问题，实现你的理想。"

在马云看来，对于中小企业来说，制定的战略必须分清轻重缓急，尽管做慈善事业非常重要，但是必须是建立在生存和发展的基础之上的，后者意义更大。简单地说，创业者不管是把中小企业打造成为百年老店，还是世界 500 强企业，前提都是活着。基于此，活着才是中小企业最为重要的战略。

马云曾经给阿里全体员工写了一封信——《冬天里的使命！》，读后一定会让创业者有更多的思考和反省。具体内容如下：

各位阿里人：

对阿里巴巴集团 B2B 的股价走势，我想大家的心情一定很复杂！今天想和大家聊聊我对目前大局形势和未来的一些看法，也许对大家会有一点帮助。

大家也许还记得，在 2 月的员工大会上我说过：冬天要来了，我们要准备过冬！当时很多人不以为然！其实我们的股票在上市后被炒到发行价近 3 倍的时候，在一片喝彩的掌声中，背后的乌云和雷声已越来越近。因为任何来得迅猛的激情和狂热，退下去的速度也会同样惊人！我不希望看到大家对股价有缺乏理性的思考。去年在上市的仪式上，我就说过我们将会一如既往，不会因为上市而改变自己的使命感。面对今后的股市，我希望大家忘掉股价的波动，记住客户第一！记住我们对客户、对社会、对同事、对股东和家人的长期承诺。当这些承诺都兑现时，股票自然会体现你对公司创造的价值。

我们对全球经济的基本判断是经济将会出现较大的问题，未来几年经济有可能进入非常的困难时期。我的看法是，整个经济形势不容乐观，接下来的冬天会比大家想象的更长！更寒冷！更复杂！我们准备过冬吧！

面对冬天我们该做些什么呢？

第一，要有过冬的信心和准备！

冬天并不可怕！可怕的是我们没有准备！可怕的是我们不知道它有多长，多寒冷！机会面前人人平等，而灾难面前更是人人平等！谁的准备越充分，谁就越有机会生存下去。强烈的生存欲望和对未来的信心，加上充分的思想和物质准备是过冬的重要保障。阿里集团在经历了上一轮互联网严冬、"非典"等一系列打击后，我们具备了一定的抗打击能力。去年对上市融资机会的把握，又让我们具备了 20 多亿美金的过冬现金储备。集团年初"深挖洞，广积粮，做好做强不做大"的策略已经开始在各子公司得到坚决的实施。我想对严冬的到来，阿里人应该拿出当年的豪情：If not now, When?! If not me, Who?!（此时此刻，非我莫属！）2001 年我们对自己说过：Be the last man standing！（做最后一个站着的人！）即使是跪着我们也要是最后一个倒下！凭今天阿里的实力也许我们自己不会倒下，但是今天的我们肩负着比以往更大的责任，我们不仅仅要让自己不倒下，我们还有责任保护我们的客户——全世界相信并依赖阿里巴巴服务的数千万的中小企业不能倒下！在今天的经济形势下很多企业的生存将面临极大的挑战，帮助他们渡过难关是我们的使命——是"让天下没有难做的生意"在今天最完美的诠释！我们要牢牢记住：如果我们的客户都倒下了，我们同样见不到下一个春天的太阳！

第二，要做冬天该做的事！

一个伟大的公司绝不仅仅是因为能抓住多少次机会，而是因为能扛过一次又一次的灭顶之灾！2002~2003年间，我们抓住了互联网的寒冬大搞阿里企业文化、组织结构和人才培养建设。今天，我们在感谢去年上市给我们带来机会的同时，也要学会感谢今天世界经济调整给我们带来的巨大机遇。阿里巴巴从18人创业到今天超过1万人，我们的文化、组织和人才建设也在快速增长下面临挑战，但也因此得到机遇，让我们这五年轰轰烈烈地经历了组建淘宝网、支付宝公司、收购中国雅虎、创建阿里软件、阿里妈妈和投资口碑网一直到去年上市。我们希望有几年的休整时间，感谢这个时代又给了我们一次这样的机遇。

我们经过深思熟虑，决定基于我们一贯"客户第一，员工第二，股东第三"的原则，明确阿里未来十年的发展目标：

（1）阿里集团要成为全世界最大的电子商务服务提供商！

（2）打造全球最佳雇主公司！

要实现以上目标首先要抓住这次过冬的机遇！让我们再一次回到商业的基本点——客户第一的原则，把握危险中的一切机遇。一支强大军队的勇气往往不是诞生在冲锋陷阵之中，而是表现在撤退中的冷静和沉着。一个伟大的公司同样会体现在经济不好的形势下，仍然以乐观积极的心态拥抱变化并在困难中调整、学习和成长。

中国市场的巨大潜力和对世界经济的积极影响力将会在未来世界经济体中发挥越来越大的实质性的推动作用，我们庆幸地看到世界各国的领导人比以往更懂得协同和交流,我们看到全世界在共同面对疾病、海啸、地震、大气变暖等自然灾害上的高度统一,于是我们有理由相信世界各国将一定会在经济发展这个人类社会生存和发展的重要问题上表现出更为积极的努力和智慧。我也坚信这次危机将会使单一依靠美元经济的世界经济发生重大变化,世界经济将会走向更加开放、更加多元化!而由电子商务推动的互联网经济将会在这次变革中发挥惊人的作用!"拉动消费,创造就业"必将是我们电子商务在这场变革中的巨大使命和机会。我们坚信电子商务前景光明,并能够真正地帮助我们的中小企业客户改变不利的经济格局。因为今天的变革,十年以后我们将会看到一个不同的世界!

各位阿里人,让我们一起参与和见证这次变革吧!

马云

2008.7.22

在日本,北京,上海,杭州的路途中

在这封信中马云坦言:"冬天并不可怕!可怕的是我们没有准备。"的确,在创业道路上,创业者遭遇困难是不可避免的。面临困难,创业者首要的任务是解决企业的生存和发展问题。只要解决了这个问题,打造百年老店的梦想就可能会实现。

第 **8** 章

关系并非生产力

　　我没有关系，也没有钱，我是一点点起来，我相信关系特别不可靠，做生意不能凭关系，做生意不能凭小聪明，做生意最重要的是你明白客户需要什么，实实在在创造价值，坚持下去。这世界最不可靠的东西就是关系。

——阿里巴巴集团创始人 马云

讲话 26：做生意不能凭关系，做生意不能凭小聪明

在很多场合下，马云告诫创业者："做生意不能凭关系，做生意不能凭小聪明。"为此，作为创业导师的马云在《赢在中国》评点创业选手时说道："我没有关系，也没有钱，我是一点点起来，我相信关系特别不可靠，做生意不能凭关系，做生意不能凭小聪明，做生意最重要的是你明白客户需要什么，实实在在创造价值，坚持下去。这世界最不可靠的东西就是关系。"

在马云看来，实实在在地给客户创造价值，不仅能赢得客户的认可，同时也能贴近客户，创造市场。一旦偏离这个航道，企业这艘大船就有倾覆的可能。我们以昔日的云南"钛王"罗志德为案例来剖析。

2004 年秋季，当媒体再次采访云南民营经济史上少有的风云人物、昔日的云南"钛王"罗志德时，令媒体记者吃惊的是，这位昔日有"云南企业之父"美誉的罗志德如今坐在空荡荡的办公间的一张旧沙发上，而且还手握一根拐杖——这个正值壮年的企业家已经行动不便了。

当年颇具规模的血制品车间如今已显得凋敝不堪，在路

达低谷期为饲养蜗牛挂上去的大招牌——"蜗牛庄园"四个字也已经锈迹昭然。

当初的罗志德意气风发，作为一个科技人员，罗志德敢于辞去公职。在 1985 年，罗志德创办"云南路达科技开发总公司"，这期间的十几年，路达是靠着几个高难度的飞跃一路蹿至巅峰的。

客观地说，罗志德是一位具有社会责任感的企业家。当创业成功之后，罗志德在云南教育学院成立了路达企业家学院，为云南培养了不少企业家。

1992 年，创业成功之后的罗志德提出一个在云南省会昆明盖一座 56 层大厦的想法。之所以定为 56 层，罗志德在接受媒体采访时谈到，主要是因为中国有 56 个民族。大厦的一层就代表一个民族，彰显中华民族的大团结。

当时，罗志德并没有真想建这个 56 层的大厦，仅仅是自己的一个想法而已。然而，罗志德建 56 层大厦的事情却让有关地方领导知道了。

有关地方领导为了促进地方的发展，于是将这个 56 层的大厦赋予了非同寻常的意义。

在有关地方领导的授权下，"特批"了一块位于昆明市中心面积达 100 亩的土地给路达公司建 56 层的大厦，而且有关部门还在昆明市郊给了罗志德 200 亩土地。

此刻的罗志德已经没有了退路，只好按照有关地方领导的意图去执行。但是，按照当时路达公司的实际情况，根本就没有能力建造这座 56 层的大厦，路达公司向银行贷款又没有足够的抵押物。

于是，罗志德只好以发行股票筹资的办法来修建 56 层的大厦。仅发行股票的头 3 天就筹集了 2000 万元。

罗志德原本以为这样的方法可以解决资金短缺的问题，然而，罗志德发行股票筹资的事情却被一个记者得知。于是该记者写了一份《路达公司乱发股票，扰乱金融市场秩序》的内参。路达公司被勒令立即停止股票发行。

没有了资金来源，56 层的大厦自然也就没有盖起来。因为此事，有关地方领导也对罗志德有了些许看法。

从此，路达公司的麻烦就像河水一样源源不断地涌来，曾经平安无事的矿山开采也开始遭到有关部门三番五次的检查，原来安分守己的村民也开始不断来矿上滋事。以前这样的事情，罗志德只需要向有关领导汇报一下，所有问题都会迎刃而解。

让罗志德想不通的是，因为没有能力修建这座 56 层的大厦，而今相关领导也不再庇护他了。最要命的是，路达的钛矿采选厂和其他矿厂一起被有关部门勒令关停。钛矿采选厂是路达的生命线，也是罗志德赖以起家的本钱。采选厂完了，也就意味着路达完了，罗志德完了。

不可否认的是，获得资本资源对一个企业的成长是至关重要的。在很多企业初创时，往往很难获得外部资本、渠道产品研发等的支持。尽管许多创业企业具有较大的发展能力，但是合作者、银行、风投等是不会把钱借给或者投给这些创业企业的。此刻，创业者只能靠自己白手起家和善于利用各种社会资源。

热衷于把企业的社会关系跨到政府的人肯定不止罗志德一个人。不可否认的是，在中国的某些地方，在某种程度上，在某个时段，关系是可以促进创业者成功创业的。但是，一旦创业者把关系作为一个重要的战略来抓，甚至达到过分迷恋关系的程度，那么创业者的创业失败也就在情理之中，因为关系不是初创企业的核心竞争力，而建立在空中楼阁的关系也可能随时会不存在。

马云在多个场合提醒创业者，20 世纪 80 年代的中国，创业靠勇气就可以成功；20 世纪 90 年代的中国，创业靠关系就可以成功；而 21 世纪初叶的中国，创业必须靠知识能力才能成功。为此，马云给诸多创业者的建议是："无论你在哪里，政府是一样的，爱他们但不要和他们结婚，不要和他们做生意。"

这样的观点得到了新东方创始人俞敏洪的认可。2008 年 4 月 6 日，新东方创始人俞敏洪在创业英雄会上演讲时就提醒创业者："不要抱怨这个社会是要靠关系的，不要抱怨这个社会不公平，既然有这么多不公平，我和马云又是怎么走出来的呢？"

不管是马云，还是俞敏洪，他们创业成功都是靠着自己正确的市场判断和敏锐的洞察力，而不是靠社会关系。

讲话 27：关系不是企业的核心竞争力，只有提升初创企业的经营管理，才能从根本上解决创业面临的问题

事实证明，在某种程度上，作为创业者，拥有广泛的社会资源以及良好的社会关系不仅可以促进创业者成功创业，而且还是开拓新市场的一个重要因素。

但作为创业者如果过分依赖关系而忽略了初创企业的经营，那么创业者必然会创业失败。对此，马云认为，关系不是企业的核心竞争力，关系随时会不存在。只有真正地提升初创企业的经营管理，才能从根本上解决创业面临的问题。

马云在多个场合告诫创业者，凡是整天热衷于围着政府官员转的企业，很难有大的成就。随着市场经济游戏规则越来越健全，官商关系会越来越趋向于规范，那么潜规则的影响力将越来越消减。[①]

当初在选择创业环境时，马云毅然离开上海，选择了杭州作为自己的创业地点。

2008 年 1 月 27 日，在上海市政协十一届一次会议上，时任上海市委书记的俞正声要求反思"上海为何留不住马云"，并表示"为上海失

---

① 吴思：历史上的官商"潜规则"[EB/OL].2017. http://www.chinadaily.com.cn/hqzx/2008−04/21/content_6632612.htm.

去这样一个由小企业发展而成的巨型企业感到相当遗憾"。①

一个月后，时任广东省委书记的汪洋率广东省党政代表团在"华东学习考察活动"中专门到杭州考察阿里巴巴集团。汪洋考察后，对马云的创业精神和阿里巴巴集团的商业模式给予了充分的肯定和赞许。

沪粤两位书记对马云的关注，可以让马云得到足够的好处，但是马云却看得很清楚，因为马云知道"关系最不可靠"。众所周知，马云向来都是一个高调的企业家，然而让媒体意外的是，针对沪粤两位书记的褒奖以及马云当初的选择这些媒体关注的焦点，马云都谢绝了记者的采访。

2008 年 2 月 29 日，中国青年报记者魏和平通过"最具想象力"的互联网找到了马云 2007 年的一篇演讲稿。正是马云的这篇演讲稿详细地解释了自己为什么要离开上海。

在该演讲中，马云讲道："当时，我自己安慰了一下，我想假如说在北京和上海，我们是 500 个孩子中的一个，在杭州，我们是杭州唯一的孩子，至少我们能够受到更多的重视。"

马云说："因为上海比较喜欢跨国公司，上海喜欢世界 500 强，只要是世界 500 强就有发展，但是如果是民营企业刚刚开始创业，最好别来上海。"

马云离开上海到杭州创业，自然有马云的道理。根据最新的一份调查显示，曾经被很多民营企业看好的上海，商业成本正变得越来越高，截至 2007 年 6 月，有 7000 多家浙江民营企业撤离上海，而把总部或重

---

① 若寒. 马云谈离沪初衷：回杭州能得到更多重视 [N]. 中国青年报，2008-03-03.

要部门迁往杭州、宁波、香港。而广东的中小企业数量虽然是全国第一，但却没有孵化出像阿里巴巴集团这样的创新型的电子商务企业。

不可否认的是，作为浙江省会的杭州能够给予中小企业很多的支持，提供较好的创业环境。而上海和广东虽然有较多的中小企业，却没有能够做到世界顶级的公司，这样的问题无疑就引起时任上海市委书记的俞正声和时任广东省委书记的汪洋两位书记对创业环境的反思。

对此，清华大学中国创业研究中心副主任雷家骕认为，一个城市的商业文化和创业成本对正在成长中的民营企业来说是很重要的。

雷家骕说："对刚开始创业的小企业来说，不管是不是高科技企业，生存都很艰难。"

事实上，要想创业成功，作为一个创业者首先要有足够的现金流，然后做到逐步赢利，但刚开始创业的企业基本都是亏损的，就是马云创办的阿里巴巴集团也是先亏损了三年才开始走向赢利。[1]

雷家骕坦言："一些土地、税收、人才引进等政策，都是对大中型企业做一些'锦上添花'的事情，但很难对小企业、创业企业做到'雪中送炭'。"

从事创业教育研究的 KAB 研究院副院长刘帆则从另一个角度对这个问题进行了反思，他认为创业成功最主要的因素是创业者本人的素质，但其创业行业和地域因素也会对创业企业的成功有很大的影响。[2]

在《赢在中国》栏目评点创业选手时，马云曾说："关系最不可靠。"相信有很多人是不赞同的，因为在中国，很多人认为要想做成事

---

[1] 若寒. 马云谈离沪初衷：回杭州能得到更多重视 [N]. 中国青年报，2008-03-03.
[2] 若寒. 马云谈离沪初衷：回杭州能得到更多重视 [N]. 中国青年报，2008-03-03.

情，没有关系是行不通的，只有关系到位了才能办成事，办好事，办大事。这也是所有的商人深知的一个"道理"。事情还没开始，拉关系已经先行一步了。因为中国几千年来，大家都心照不宣地秉承着这种办事规则。但是，千万不要忘记，关系是最不可靠的东西。

讲话 28：" 亲清 " 的政商关系，既要清清白白，也要 亲亲热热

在 2017 中国绿公司年会上，马云围绕新型政商关系发表了自己的看法，引发现场 1000 多名企业家、学者和政府官员的共鸣。

马云介绍道："新型的政商关系是'亲清'的政商关系，既要清清白白，也要亲亲热热。对企业来说，坚持新型政商关系，就是要坚持不行贿、不欠薪、不逃税、不侵权。"

马云曾多次告诫创业者，不管是开拓市场，还是融资，都不要过分地依赖政府，因为过分地依赖政府就势必影响创业者制定科学的战略。特别是在融资方面，马云认为，千万不要完全依赖银行贷款，作为创业者必须掌握最便捷的创业融资方式。

马云坦言，在创业融资过程中，家人、亲戚和朋友才是年轻人创业融资最便捷的选择。马云说道："阿里巴巴集团至今未拿过银行和政府

一分钱，我当初一家家（银行）敲门，一家家被拒绝。"

为此，马云回顾了阿里巴巴集团的融资过程。在2004年2月17日，日本软银集团向阿里巴巴集团再次投入8200万美元。

当8200万美元的融资到位后，阿里巴巴集团的发展如同"猛虎加之羽翼，而翱翔四海"。该笔VC是阿里巴巴集团发展过程中获得的最大的单笔投资，同时也创造了中国互联网历史上最大的单笔私募纪录。

这个纪录被媒体记者作为采访关键问题时，马云的回答更加让媒体记者大惑不解，马云说："你们应该恭喜的是我们的投资者，而不是我们。"

在很多场合下，马云都认为，阿里巴巴集团之所以能够得到高盛、软银的投资，靠的不仅是实力，更多的是作为创业者代表的马云和他所领导的团队的魅力。

马云在开拓市场和融资时，不仅坚持"不要过分依赖政府和银行"的原则，同时对大部分投资者是不买账的，因为马云要寻找的是能够与阿里巴巴集团共同成长的策略投资者。

在《赢在中国》第一赛季晋级篇第六场上，创业选手翟羽的参赛项目是："龙腾P2P媒体点播系统，利用龙腾P2P技术对原有设备与网络带宽改造，扩容原有运营商的视频点播系统，收取一次性的改造费用，与省级和总部级运营商合作打造统一的视频点播商业模式。"

翟羽介绍说："钱是肯定没有的，这个问题不想这么回答你，马老师。因为我曾经跟田园老师说过，聊了很久，他非常支持我。最后他给了我一句话，他说如果没有一个在商场中有名望有地位的真正的企业家推荐你的话，也许你就不会成功，但是我说了推荐你也许会改变你后半生。"

为此，马云点评说："翟羽，我觉得你非常聪明，我给你一些建议，这世界最不可靠的东西就是关系。因为没有钱，没有团队的时候要靠关系，我们这些人都一样，尤其我一样，我更没有关系，没有钱。记住，关系特别不可靠，做生意不能凭关系，做生意也不能凭小聪明，做生意最重要的是你知道客户需要什么。你试试再创造下去，一定要坚持下去，一定会有机会。"

阿里巴巴集团能够熬过冬天，又能够异军突起，马云非同寻常的融资之道是重要原因。如今，马云融资已成为业界传奇。在这传奇背后藏着马云的融资秘籍——先人后钱、事先钱后、以我为主、战略至上。

马云之所以能说出那种话，也许正是他这么多年闯荡商海的经验之谈。关于创业争取 VC，马云一直强调："不要相信关系，世界上最靠不住的就是关系，你需要做的就是保证你的客户真诚度和满意度。"

马云多次指出，要想创业成功，就必须放弃"关系就是生产力"的想法，踏踏实实地经营企业，这样的话，创业成功的可能性比找关系要大得多。

马云提醒创业者，虽然善于利用各种资源包括政府资源，对任何一个企业的成长都十分重要，但是实际上，政府提供的资源是有限的，对于创业者来说，关键要提升企业的竞争优势，而绝不能把希望全都寄托在政府的帮扶上，否则将非常危险。上述案例中罗志德的悲剧就能警示每一个创业者。

与政府搞好关系，对每一个创业者来说当然非常重要，不过需要提醒的是，政府关系对企业的发展其实是一把双刃剑。

对此，百度创始人李彦宏曾多次强调："竞争优势不仅能够显著地为客户带来收益或节约成本，同时与竞争对手相比，它具有难以模仿的独特性。从这个意义上说，能否正确认识企业的核心竞争力是制定出目标清晰、具备可操作性的发展战略的第一步。"

当然，企业竞争优势必须独特，否则它就不可能有更大或更强的竞争力。一个典型的例子是湖北幸福集团的周作亮，他为了满足政府的偏好把企业做大，但当这个企业真正倒的时候，政府不会为它承担责任。实际上，政府提供的资源是有限的，对于企业家来说，关键要练好内功，而不要把希望寄托在政府的帮扶上，不要把太多的时间搭在同政府的关系上，否则将非常危险。

第 **9** 章

创业一定不能浮躁

　　我不把赚钱作为目的，赚钱确实不是我的目的，赚钱是我的结果……企业赚钱是企业家最基本的功能……对于阿里巴巴集团来说，赚钱是我们的指标，不是我们的目的……我们希望影响中国经济、亚洲经济、世界经济，解决中小企业做生意难的问题……怎么做企业？做企业到底什么是最核心的东西？我认为，做企业首先要有伟大的梦想，要有伟大的使命……我们的使命是阿里巴巴集团让天下没有难做的生意。

——阿里巴巴集团创始人 马云

讲话 29：赚钱不应该是目标，应该是一种结果

在马云看来，对于创业者来说，创业赚钱不应该是目标，应该成为一种结果。马云的观点得到了万达创始人王健林的认可："企业一定要有盈利，企业不赚钱应该说是不道德的。一个企业家一定要使企业赚钱，如果不赚钱，利润是负的，持续地靠股东投入，这样的企业不仅不能持续存在，而且是对社会资源的一种极大浪费。以前相当长一段时间里，出现一种奇怪的现象，有些企业不赚钱，靠持续地讲故事，靠股东持续地投入，企业居然还可以把泡泡吹得很大，估值还挺高，很多这样不赚钱的企业还能上市，上市又持续多年还继续存在，这都是不合理的。"

在王健林看来，企业是有价值的，价值评价标准是多样的，有各种各样的评价体系，但最核心的就是市场价值，就是市场对企业的估值和评价。这分两个方面，对公众公司来说好理解，企业价值就是市值，股票多少钱，涨了跌了，绝大多数情况下是对企业利润、存在和发展目标的合理估值。当然也有极个别的企业，通过做庄拉高股价，但对公众公司来讲，总体来说市场价值是最合理的一种对企业价值评估的方式。

在马云看来，钱是资源，创业赚钱的目的，不仅仅是为了让自己的生活过得更好，更多是为了帮助客户，服务别人，帮助别人，让更多人过上更好的生活。在接受媒体采访时，马云就阐述了自己的看法。

问：现在媒体普遍评价您是中国首富。您有没有可能成为世界首富？

马云：说句心里话，我从第一天开始就没想过当首富，所以我才会把公司持股稀释到现在这个样子。但我还是没有想到，尽管把自己的股份降到 8%，还有那么多钱，这是我没想到的。

很多年以前，我跟我的老婆、公司 2 号员工张瑛有过一次聊天。我问，你希望你丈夫将来成为首富吗？她说，首富你个鬼啊，你怎么看都不像首富的样子。我说你希望我是一个有钱人，还是一个很有钱的人，还是不缺生活费用、同时受人尊重的企业家？她回答，当然受人尊重了。我们就定下了这个。

那时候我都没想过成为杭州下城区或者翠苑街道的首富，我不想当，这不是我要的。我跟你一样，年轻的时候对首富好奇过，有些人就喜欢那口。

当你拥有 100 万元的时候，100 万元是你的钱。其实现在中国最幸福的人是一个月有两三万、三四万块钱，有个小房子、有个车、有个好家庭，没有比这个更幸福了，那是幸福生活。

超过一两千万元，麻烦就来了，你要考虑增值，是买股票好呢、买债券好呢还是买房地产好。超过一两亿元的时候，麻烦就大了；超过十亿元，这是社会对你的信任，人家让你帮他管钱而已，你千万不要以为这是你的钱。

所以我对这个一点兴趣也没有，而且失去了太多。你说你能花得了什么？你能吃什么？我这个 T 恤衫多少钱、裤子多少钱，我饭量更少。

在马云看来，创业的目的是为了更好地服务客户，让创业团队赚到更多的钱。创业不是创业者一个人的事情，而要有明确的目标和团队。一个人的时候只要自己吃饱喝足就行，而当创业者创业之后就不能只顾自己了。当创业者开始管一批人时，必须考虑全体员工和客户，只有他们成功了，才是创业者的成功。因此，在制定决策时就不能浮躁，特别是在实现自己的创业目的时更是如此。为此，马云告诫创业者说，"赚钱不应该是目标，应该成为一种结果……"

2010 年 10 月，带着诸多好奇心，美国著名脱口秀节目主持人查理·罗斯专访了马云。

在该专访中，马云阐释了阿里巴巴集团的成功之道、未来方向，以及自己的创富心得等内容。马云认为，企业成功的关键因素并非创新力本身，而是这一能力背后的执行者与推动者——企业员工。马云告诫创业者，创业者只要坚守这一理念，懂得尊重人才，同时坚持将服务做到最好，企业盈利将是必然。①

---

① 霍莉.马云：创业不要"左眼美金，右眼日元"[J].中国企业家，2010（10）.

罗斯：你有钱有名，那你还想要什么呢？

马云：我的余生将致力于鼓励和支持创业者。我想让他们重回学校充电。我原本打算做老师，但是却做起了生意，一做就是十五年。我觉得我在学校学到的大多数东西都是错的。

很多商学院都教学生赚钱和经营之道，但我要告诉人们，如果你想开公司，你必须先有价值观，即懂得如何为人们服务，如何帮助人们，这是关键。

我坚信，如果你眼中只有钱，左眼看美金，右眼盯日元，没有人会愿意和你做朋友的。

如果人人都在向钱看，那么人们很容易就会迷失自己。我们来这个世界上是享受和经历人生的，不仅仅是为赚钱的。

想想如何帮助人们，为社会创造价值，那么钱自然会来。这就是我们为何能在中国成功的原因，也是阿里巴巴集团的核心竞争力。阿里巴巴集团是这样做生意的，我认为 21 世纪，其他的公司都应该这样。

罗斯：以人为重？

马云：没错。中国最大的资源不是煤炭，而是 13 亿人。如果我们能好好开发这些人的智能的话，将会带来难以想象的创新。我很高兴我们公司有很多 26 岁左右的年轻人，这些人将改变世界。我讨厌人跟着电脑团团转。随着科技的发展，在五六百年后，机器将成为人类杀手。我们的任务就是保证：人们控制机器，让机器服务于人类。

从这段采访中不难看出，马云认为作为创业者，如果仅仅因为赚钱而创业，那么就会犯急功近利的错误。

为此，马云在很多公开场合告诫创业者说，越是小企业，越容易犯急功近利的错误。马云建议中小创业者"眼光稍微长远一些""不能着急左眼美金，右眼日元"。

讲话 30：真正想赚钱的人必须把钱看轻，如果脑子里老是钱的话，一定不可能赚钱的

在马云看来，不把赚钱作为创业目的，创业成功的概率可能会更大。在公开场合，马云多次谈到，阿里巴巴集团的目的不是赚钱。

马云说道："我不把赚钱作为目的，赚钱确实不是我的目的，赚钱是我的结果……企业赚钱是企业家最基本的功能……对于阿里巴巴集团来说，赚钱是我们的指标，不是我们的目的……我们希望影响中国经济、亚洲经济、世界经济，解决中小企业做生意难的问题……怎么做企业？做企业到底什么是最核心的东西？我认为，做企业首先要有伟大的梦想，要有伟大的使命……我们的使命是阿里巴巴集团让天下没有难做的生意。"

马云创办"海博翻译社"的第一年，虽然面临生存压力，但是马云却在公开场合说："我一直的理念，就是真正想赚钱的人必须把钱看轻，

如果你脑子里老是钱的话，一定不可能赚钱的。""海博翻译社"第一年的经营非常困难。为了缓解这样的状况，马云就背着口袋到义乌、广州去进货，卖礼品、包鲜花，用这些钱养了"海博翻译社"三年，之后才开始收支平衡。

马云说："坚持做正确的事、坚持自己的理想和使命是一定要付出巨大代价的，在任何时代都一样。尤其在今天中国的商业环境里，创造开放透明、诚信责任、分享的商业文明一定会破坏大批既得利益群体。"

马云告诫创业者："越是这样就越不能着急，越着急，结果往往会同你的期望值落差越大。"

2006 年 4 月 28 日，马云在母校杭州师范学院做演讲时，与校友们分享了自己的创业经验。

"很多人以为我创业是为了赚钱，因为很多人说创业就是为了赚钱，为了赚更多的钱。我创业不是为了赚钱，是希望将来能够把最好的经验带回到大学里教书，因为我自己在教了六年书以后突然发现，我爱上了教书这个行业。在教书的过程中，你能学到很多东西，也能得到很多东西。如果你尊重你的学生，学生也会尊重你，这是教学相长的。但是，我想到中国有 13 亿人口，中国的经济高速发展，二十年以后我马云还能不能继续站在讲台上教书。我必须要去学习，而什么样的学习才是未来社会所需要的呢？书本上我们在学，但如果我在实践中也能学到点东西，就更有意义了。所以，我就决定出去花十年的时间，用十年的时间建立一个企业。无论是失败还是成功，我都能把这些经验带回到学校教书，也许二十年后我比一般的大学老师多一点经验。这是我当时的出发点。"

的确，马云曾做过六年的教师，领悟到"传道解惑"的重要。马云说："我是教师出身，我回忆起小时候影响我最大的就是好的老师。一个好的老师上课善于鼓励我，我特别喜欢这门课。如果一个老师不会讲课，我再有钱，也不愿意学这门课，所以老师特别重要。"

讲话 31：在适当时候最适合这个岗位的人就是人才

马云在很多场合下回顾，在阿里巴巴集团发展过程中，他们也犯过许多错。比如：阿里巴巴集团在创业早期，请过很多"高手"，甚至还有一些来自世界 500 强大企业的管理人员，结果却是"水土不服"。

马云形象地解释了"水土不服"的原因，马云比喻说："就好比把飞机的引擎装在了拖拉机上，最终还是飞不起来一样，我们在初期确实犯了这样的错。那些职业经理人管理水平确实很高，但是不合适。"

马云坦言："很简单，把飞机引擎装在拖拉机上是浪费的，很大的浪费，装上以后拖拉机的性能不见得就比原来好，我觉得经过这样处理的拖拉机可能连启动都无法完成了，在人才的选用上也是同样的道理，假如你是一家很小的企业，你非要把世界一流的人才请过来，这样的人才不一定适合你的企业，你的企业也不一定有能力提供他施展才华的舞台，如果这个人觉得在你的企业不愉快的话，他可以马上跳槽，因为世界一流的企业需要一流的人才。什么才叫人才？在适当时候最适合这个岗位的人就是人才，MBA 不一定就适合你这个企业，农民也不一定就不适合你这个企业，把人用对，让他在最适合的岗位上发挥最大的能量就可以了，这就算我们用人用对了。"

在马云看来，只有正确地对待人才，才能有效地留住人才。因此，在创业的过程中，与众多的中小企业一样，阿里巴巴集团也希望员工像电视剧《历史的天空》里的姜大牙一样。

马云解释说："前些天，我组织公司的一些高层看《历史的天空》。这是一部很好的电视剧，讲述了一个农民如何逐步成长为将军的故事。主人公姜大牙一开始几乎是个土匪，但是通过不断学习、实践，不仅学会了游击战、大规模作战、机械化作战，而且还融入了自己的创新，最终成为一个百战百胜的将军。与众多的中小企业一样，阿里巴巴集团也希望员工像姜大牙一样，不断改造，不断学习，还要不断创新，这样企业才能持续成长。"

在马云办公室的墙上就挂着一幅"善用人才为大领袖要旨，此刘邦刘备之所以创大业也。愿马云兄常勉之"的题字。

这幅题字是武侠小说大师金庸 2000 年题给马云的墨宝。马云坦言："我挂在办公桌前面，是给自己看的，挂在后面是给别人看的。天天看到这个，也是对自己的一种提醒。"[1]

在马云看来，在拖拉机上不管是安装飞机引擎，还是坦克引擎，拖拉机始终是拖拉机。

1999 年 9 月，马云及其创业团队经过精心筹划，终于创办了阿里巴巴集团网站。阿里巴巴集团网站在刚刚成立时，马云对他的团队说："从现在起，我们要做一件伟大的事，我们的 B2B 将为互联网服务模式带来一次革命！我们要在中国一个小城市创造一个世界一流的企业。我们要在五年内成为世界 10 强。你们现在可以出去找工作，可以一个月拿三五千元的工资，但是三年后你还要去为这样的收入找工作，虽然我们现在每个月只拿 500 元的工资，一旦我们的公司成功，就可以永远不为经济所担心了。"

在马云的战略中，阿里巴巴集团要为中小企业提供一个敲开财富之门的平台。马云的战略得到了高盛的认可。1999 年 10 月，以高盛牵头的战略投资就给阿里巴巴集团提供了 500 万美元的风险资金。

得到资金的马云做出了一个大胆的决定——从世界 500 强企业中引进大量的人才。

马云在公开场合宣称："创业人员只能够担任连长及以下的职位，团长级以上全部由 MBA 担任。"

在第一拨大规模人才引进中，据说，阿里巴巴集团 12 个人的高管团队成员中除了马云自己，全部来自海外。[2]

在之后的几年时间里，阿里巴巴集团聘用了更多的 MBA 人才，来

---

① 解放日报. 马云商道真经：别把飞机引擎装在拖拉机上 [N]. 解放日报，2008-09-09.
② 解放日报. 马云商道真经：别把飞机引擎装在拖拉机上 [N]. 解放日报，2008-09-09.

自哈佛、斯坦福等世界著名大学商学院；也包括国内知名大学商学院MBA 人才，但是由于"水土不服"等原因，马云最终还是壮士断腕，把这些花巨资引进的 MBA 人才辞退了 95%。

马云葫芦里到底卖什么药呢？其实道理很简单，对于创业企业人才而言，"适用"就是人才。

马云对那些被辞退的 MBA 人才的评价是："基本的礼节、专业精神、敬业精神都很糟糕。"

在这些 MBA 人才的意识中，被阿里巴巴集团引进，就是专门负责管人的，甚至这些 MBA 人才加盟阿里巴巴集团后就要把阿里巴巴集团所有的东西都给推翻。

马云从来没有否定过那些 MBA 的管理水平。这些 MBA 人才的水平就如同飞机引擎一样，但问题在于，如此高性能的引擎适合阿里巴巴集团这台拖拉机吗？

马云由此总结出一个关于人才使用的理论："只有适合企业需要的人才是真正的人才。"

马云忠告创业者，"适用"就是人才。然而，在很多经营者的意识中，只有高学历、高职称的人才能算是人才，否则即使有通天的本领，没有一纸文凭或职称，也不能称其为人才。但是，西方却有这样一句名言："垃圾是放错位置的财富。"是不是人才，关键是看把他放在什么位置上，让他去做什么事，只要他在这个位置上能够做好，做出成绩来，他就是人才；如果不行，即使顶着再多的桂冠，他也不是人才。[①]

---

① 解放日报. 马云商道真经：别把飞机引擎装在拖拉机上 [N]. 解放日报，2008-09-09.

讲话32：创业时期千万不要找明星团队，千万不要找已经成功过的人

在很多论坛上，一些喜欢足球的创业者总是拿"世界杯足球赛"指点江山，在这些创业者的意识中，世界上最好的足球队就是明星团队，而在创业过程中，明星团队也是最好的创业团队。

然而，马云并不认可这样的观点。

在《赢在中国》第一赛季晋级篇第七场上，创业选手赵尧介绍了自己的参赛项目："支付式营销。把美国成功电视营销和其他成熟的产品，经过中国专业化服务引入中国市场。涉及市场调查、媒体的策划和采购、订单通过呼叫中心的取得、订单的处理、收付款结算、物流，以及市场开发等方面。"

在简短的项目介绍后，马云让赵尧简要地介绍一下他的管理团队。赵尧介绍说："我先从中国这边说起，现在是我一个人全职做这件事情，我的团队已经非常认同这件事情。认同我们事情的人，包括这么几位角色，其中一位朋友在中国做电视直销，成功运作了好几年，他后来改行做了保健产品，但是当我提起这个概念以后他非常感兴趣，他要加盟，这是一位。第二位最近刚刚把他苦心经营了十年的物流企业出售给了一家香港上市公司，他就退出了，这位跟我也是八年的朋友，他在美国和中国之间跑来跑去，他的企业还代理沃尔玛在加拿大的全部物流业务，他会加入我的团队，帮我们打理在中国的物流操作工作。第三位朋友在美国代理了一家汽车用品，这个企业到中国来做代理商，在过去几

年他的产品通过行销占据中国 70% 的市场，在这种情况下，他给我们带来了中国零售环节这种概念和管理的经验，除了这点之外更多可以帮助我们的是，当美国客户的产品通过电视频道进行直销以后，下一步在他产品周期不同发展阶段会有和地面零售结合的方式，提供这方面的资源。除此之外在美国有一位斯坦福毕业的律师，在过去三年里面，服务于两家不同的非常成功的电视营销企业，他是我的合作伙伴，在美国这边为我们处理所有法律业务，这很重要。还有一位，他曾经是 NBC 广播网副总裁，后来在美国家庭频道做了市场营销总裁，我认识他是在提供咨询服务的时候，他在洛杉矶又服务于不同的电视直销企业，做高级领导。我想请他为我们做顾问和公关，他说融资以后要加入我的管理团队。简单地讲有这么几位。"①

然而，让赵尧自以为傲的明星团队却没有得到马云的赞同，相反，马云不无忧虑地点评说："你的整个成熟度，以及项目的可行性，刚才吴鹰也都讲过，我挺认同，我就讲一些我可能担心的事儿，你最骄傲的是你的团队，你的团队恰恰是我最担心的，创业时期千万不要找明星团队，千万不要找已经成功过的人跟你一起创业，在创业时期要寻找这些梦之队：没有成功、渴望成功、平凡、团结，有共同理想的人。这个是我看了很多人的创业过程才总结出来的。等你到一定程度以后，再请进一些优秀的人才，对投资、对整个未来市场开拓才有好的结果，尤其是35 岁到 40 岁，已经成功过的人，他已经有钱了，他成功过，一起创业非常艰难。所以我给你提出逐步引进，创业要找最适合的人，不要找最

---

①《赢在中国》项目组 . 马云点评创业 [M]. 北京：中国民主法制出版社，2007.

好的人。"

客观地说，马云对赵尧的告诫还是意味深长的。在阿里巴巴集团做强做大的过程中，马云也犯过类似的错误。

在这个过程中，马云就强调"MBA 团队凶猛"的理念。但是，要做到真正的凶猛，马云也走了一些弯路。经历过 MBA 团队的教训后，马云非常强调团队的战斗力，他认为，互联网是 4×100 米接力赛，你再厉害，只能跑一棒，应该把机会给年轻人。为此，马云设计了每半年一次评估的策略。[①]

马云说："评估下来，虽然你的工作很努力，也很出色，但你就是最后一个，非常对不起，你就得离开。在两个人和两百人之间，我只能选择对两个人残酷。"因此，对任何一个创业者而言，必须关注 MBA 团队的风险防范，特别是对那些迷信 MBA 团队的创业者而言，更是如此。

然而，遗憾的是，中国诸多初创企业往往不重视对 MBA 团队的风险防范。诸多创业者甚至都不清楚，任何一个企业人力资源管理中都存在着诸多风险。如果创业者在使用人力资源决策时稍有不慎，就有可能给企业带来不必要的损失，甚至灾难性的后果。

为此，马云在多种场合告诫创业者："不要迷信 MBA 团队。"马云在接受《中国食品报·冷冻产业周刊》采访时就谈过这个问题，马云说：我曾经认为，如果你能拿到 MBA，则意味着你一定是个很优秀的人才。但他们只会不停地跟你谈策略，谈计划。记得曾有个营销副总裁

---

① 金错刀 . 马云管理日志 [M]. 北京：中信出版社，2009.

跟我说："马云，这是下一年度营销的预算。"我一看："天啊！要 1200
万美元？我仅有 500 万美元。"他却回答我说："我做的计划从不低于
1000 万美元！"①

在组建 MBA 团队建设上，马云坦言："要么送回去继续学习，要
么到别的公司去，我告诉他们应先学会做人，什么时候你忘了书本上的
东西再回来吧。如果你认为你是 MBA 就可以管理人，就可以说三道四，
那就错了，所有的 MBA 进入我们公司以后先从销售做起，六个月之后
还能活下来，我们团队就欢迎你。"

马云的做法跟中国目前很多企业家的做法迥然不同。一些企业为了
引进 MBA 人才，或者是引进明星团队，不惜花费巨资。

在团队问题上，非常多的创业者都倾向于引进明星团队。在这些创
业者的意识中，明星团队就意味着渠道、人脉和品牌效应。

殊不知，花费巨资而引进的明星团队并不能创造所期望的价值，甚
至可能给初创企业带来灭顶之灾。

马云说："作为一个企业家，我发现 MBA 教育体系上需进行大量
的改革。三年来，我的企业用了很多的 MBA，包括从哈佛、斯坦福等
学校，还有国内的很多大学毕业的，95% 都不是很好。"

马云为此对 MBA 作了一个非常形象的比喻，可能是拖拉机里装了
波音 747 的引擎，把拖拉机拆了还跑不起来。

马云说："我希望 MBA 调整自己的期望值，MBA 自认为是精英，
精英在一起干不了什么事情，我跟 MBA 坐在一起，他们能用一年的时

---

① 马云. 马云：不要迷信 MBA[N]. 中国食品报·冷冻产业周刊，2010–04–05.

间讨论谁当 CEO，而不是谁去做事。"

2001 年，作为阿里巴巴集团船长的马云把自己的四个同事送到哈佛大学商学院、沃顿商学院念 MBA。其中一个同事去了哈佛大学商学院；另外三个同事去了沃顿商学院。

临行前，马云对四个即将进入商学院念 MBA 的同事说："你回来时告诉我忘了 MBA 教的一切，你毕业了；如果还是条条框框，你没有毕业，继续回去学。MBA 学了两年以后，还要起码花半年时间去忘掉 MBA 学习的东西，那才真正成功了。"

马云坦言，那些新到公司的商学院毕业的 MBA 人才总是有怀才不遇之感，似乎总有满肚子的不满："基本的礼节、专业精神、敬业精神都很糟糕，一来好像就是我来管你们了，我要当经理人了，好像把以前的企业家、小企业家都要给推翻了。这是一个大问题。进商学院首先是学什么？作为一个企业家，小企业家成功靠精明，中企业家成功靠管理，大企业家成功靠做人。因此，商业教育培养 MBA，首先要过的是做人关。"

马云称："教授总是认为自己是最好的，但是我觉得商学院的客户是谁？是我们这些企业、这些用人单位，企业的声音要听。"①

马云说："MBA 毕业以前做什么？是调整期望值。这些人出来以后眼光都很高，念了 MBA，该有一些人让我管管了。我认为，MBA 学了两年以后，还要起码花半年时间去忘掉 MBA 学的东西，那才真正成功了。"

---

① 商学人物：创业教父马云的三大绝招 [J]. 经理人，2010（11）.

讲话 33：不管做什么企业，税一定要缴

2016 年底，福耀玻璃集团创始人、董事长曹德旺在接受《新京报》的采访时谈到了中国的税费问题，直言"增值税是最大负担"。

新京报：你最近也对外说过"中国除了人便宜，什么都比美国贵"，你认为在前面你提到的"贵"的东西中，什么又是最"贵"的、最大的负担？

曹德旺：增值税吧。中国的增值税有多高？简单来说，一个卖 6000 块的手机，增值税大概要交 1020 块。当然，其中有可以抵扣的项目，是哪些呢？按照目前的税收制度，采购的费用可以抵扣，工资不能抵扣，折旧费不能抵扣，管理费、运输费这些都不能抵扣，不能抵扣的部分有 40% 到 50%。

按照中国目前一般企业的利润水平，这样算下来，最终大约有一半的营业利润都被收走了。制造业利润非常微薄。

新京报：美国的情况呢？

曹德旺：美国没有增值税，只有 35% 的所得税，加上其他各项税费总共大约 40%，中国制造业的综合税比美国高 35%。其中问题主要就出在增值税上。

新京报：你过去常常提到小微企业，说"小微企业是国

民经济的末梢神经"。增值税对小微企业的影响主要表现在哪些方面？

曹德旺：小微企业就更艰难了。增值税的存在让很多小微企业长期无法发展壮大，也就难以和大企业做生意。这样一来形成恶性循环，会把很多小微企业扼死在摇篮里。我们福耀自己就是小微企业出身，我相当明白其中的艰难。

各大媒体由此争相报道。有关福耀集团董事长曹德旺的采访视频在网络上被疯传。曹德旺在视频中比较了福耀集团在中国和美国公司经营的成本结构。这个视频一度被媒体解读为"曹德旺跑了"。

当面对《中国经营报》记者采访时，曹德旺反问："我什么时候跑了？跑到哪里？去做什么？"事实上，作为世界规模和品牌排名第一的汽车玻璃生产商，福耀集团在国内拥有 2 万多名员工，在 15 个省设立了几十家直属分公司。在美国的 6 亿美元投资仅仅是其全球布局的一小部分，福耀集团的业务重点依然是在国内，近些年，福耀玻璃在海外投资了近 10 亿美元，而在中国也投资了近 200 亿元人民币。为此，曹德旺坦言："我始终认为纳税光荣。"

曹德旺的观点得到马云的认同："偷税、漏税是企业的耻辱，把纳税看作是企业的义务、责任，是远见卓识的表现，一个企业在纳税上如果不对国家尽责，私自偷逃税款，那么，人们会有理由怀疑，对顾客你是否能讲诚信。纳税多是企业实力和经营业绩的体现，凡是纳税先进企业，就自然而然在消费者心目中树立起爱国守法、诚实可信的良好形象，人们就喜欢与你谈生意、做买卖，顾客盈门，良性互动。要是一个企业税源枯竭，拖欠税款，那必然信誉不良，经营萎缩，不仅消费者不乐意光顾，就连贷款银行也敬而远之。"

事实证明，一个有远见的企业老板绝不会在国家税收上打折扣，而是用按时足额纳税来塑造良好形象，使企业兴旺发达。业内人士认为："我国税收环境正在发生质的变化，如果再用旧思维来看待税收，教训可能会很惨重，企业应该抛弃做假账的思想，尽量利用税收筹划，合法经营才是一个企业基业长青和永续经营的前提。"

遗憾的是，逃税漏税是一些企业老板增加利润的惯用伎俩，但是，很多企业老板因此不但没有能够给自己苦心经营多年的企业带来一丝好处，反而葬送了多年苦心经营的企业，最终毁掉了自己。

因此，在这里，我要告诫企业老板的是，照章纳税不仅是企业的义务，而且还是作为企业老板必须承担的社会责任。有些企业老板挖空心思去逃税漏税，无视中华人民共和国的税法。在这部分企业老板的意识中，税收是上缴给国家的，能漏就漏，能逃就逃，这样的想法是十分错误的。当企业老板抱着逃税漏税的想法，其实就是不诚信的表现，一旦被税务稽查查获，不仅将为此付出惨重的代价，甚至还会遭受牢狱之灾。

　　2002 年初，震惊中国的、当时最大的偷税案件，广州市普耀通讯器材有限公司（以下简称普耀公司）虚开增值税专用发票，涉嫌偷税案宣告侦破。犯罪嫌疑人偷逃税金额近 2 亿元，而后，普耀公司负责人施争辉被捕。

　　据检方介绍，施争辉利用普耀名下的广州、北京、上海等地的数家公司，采用账外经营、设立内外两套账、销售不开具发票或以收据代替发票等方式，大量偷逃税款。

据了解，1996 年初，香港商人施争辉出资在广东省会广州市成立了普耀通讯器材有限公司，由江少丽任会计。

施争辉为了销售没有合法来源的手机，分别与位于深圳、汕头等地的不法厂商老板协商，由这些厂商为普耀公司提供和虚开增值税专用发票，施争辉则按照一定的比例给这些不法厂商老板支付相应的增值税专用发票手续费。

1996 年 4 月至 1997 年 11 月，时任普耀公司会计的江少丽多次将增值税专用发票详细资料通过传真、电话等方式提供给位于深圳、汕头等地的不法厂商老板，让其为普耀公司虚开增值税专用发票，这些详细资料包括购货单位名称、货物名称、开票日期、单价、数量、价税额等。据广东省公安机关查明的资料显示，在此期间，香港商人施争辉、会计江少丽等人采取支付手续费、空转"货款"的方式，让位于深圳、汕头等地的不法厂商老板共为普耀公司虚开增值税专用发票 248 份，作为税款抵扣凭证，价税合计达 1.9 亿元，其中价款 1.6 亿元，共抵扣税款达 2805 万元。经税务机关鉴定，其开具的发票多数为伪造的增值税专用发票。

办案民警在接受媒体采访时介绍说，其实，在 1998 年 4 月之前，公安机关并没有介入施争辉偷税案，而是广州市工商局在执法的过程中发现普耀公司销售了 3 万台无法提供合法来源证明的手机，于是，广州市工商局对普耀公司进行查处，将普耀公司 3 万台没有合法来源的手机进行拍卖。

被查处的普耀公司不服从广州市工商局的处罚，提起了行政复议。在此期间，普耀公司还利用非法渠道得到一批手机的销售发票，以此来证明被广州市工商局查处的 3 万台手机的来源合法。

然而，细心的广州市工商局工作人员经过认真查证发现，普耀公司提供的手机销售发票上所注明的号码与手机机身号码并不一致，于是 3 万台手机被依法查扣。普耀公司也停止经营。

同时，广东省检察院根据群众举报，察觉到普耀公司的经营中存在涉嫌虚开增值税专用发票的问题，广东省检察院的工作人员便将普耀公司涉嫌虚开增值税专用发票的线索移交给广东省公安厅经侦总队，要求深入侦查。

广东省公安厅及佛山市经侦部门深入侦查施争辉操纵的佛山新领域和天赋通讯器材有限公司，广东省公安厅及佛山市经侦部门很快发现，施争辉利用佛山新领域、天赋通讯器材有限公司作为其在中国销售三星手机的进口发货商，以账外经营等方法进行偷税。

新领域、天赋两家公司的销售网络遍及中国 18 个省、自治区、直辖市，近百家企业与其有经济来往。办案人员查扣了大量账本、凭证资料，并请税务部门进行核查。

经办案人员查证，在 1999 年 1 月至 2001 年 12 月的这段时间里，施争辉操纵的佛山新领域、天赋两家公司共获得不含税销售收入近 13 亿元，偷逃应缴增值税、城建税、营业税、企业所得税等国税、地税近 2 亿元，占应纳税额的 93% 以上。普耀公司虚开增值税专用发票税款 2805 万元。

在本案例中，作为香港商人的施争辉，在内地经商，不仅得到国家的照顾，而且还能享受到一些税收的减免政策。在施争辉面前，曾经有一个美好的机会，但是，施争辉没有珍惜，等到失去这个机会时，已经追悔莫及。人生最痛苦的事情莫过于此，如果上天再给施争辉一次机会，相信施争辉会说五个字——我一定纳税。

当前，很多企业家就企业的社会责任已经达成共识，企业履行社会责任最基本的也是最重要的方面就是要管理好自己的企业，而且规规矩矩地向政府缴纳自己的税收，不偷税漏税是其中最重要的一条。其实，企业可以合理避税或节税，但前提是不能违反法律。

不逃税就倒闭本身就是一个伪命题。马云不止一次地强调缴税对于一个企业的重要性。对此，马云在阿里巴巴集团论坛上曾发表这样的观点："世界上只有两件事不可避免，税收和死亡。"

马云说："阿里巴巴集团为什么能成功，其中一个关键的因素就是按照法律规定缴纳税费，在这里，我需要提醒创业者的是，照章纳税是企业的义务，必须不折不扣地缴税，这样你的企业才有可能发展，否则，企业成功只是一场虚幻的梦境。"

《阿里巴巴集团跨入亿元企业行列 每天纳税过百万》一文中说，阿里巴巴（中国）网络技术有限公司 2005 年上缴的税收为 25480 万元，首次跨入税收亿元企业行列，按全年 250 个工作日计算，成功实现了公司 2005 年初提出的"每天纳税 100 万元"的目标。同时，杭州高新区方面表示，这一缴税仅仅是阿里巴巴集团本身，并未包括被收购半年的中国雅虎业务。阿里巴巴集团 CEO 马云表示："依法纳税是企业和公民应尽的义务。"对于企业来说，缴税是其为国家和社会创造价值的表现，也是对自身成就的肯定。现在企业的纳税意识在不断提高，阿里巴巴集团在 2005 年就把"每天纳税 100 万元"作为公司未来几年的经营目标，并给自己设了一个"紧箍咒"——没有"每天 100 万元的税"，就是对社会没贡献。

然而，令人遗憾的是，很多企业老板却抱有与此相反的想法，他们想方设法偷税逃税，无视国家税法，纳税意识淡薄，与税务人员捉迷藏，给税收工作带来了困难。

2012 年 5 月 19 日，中央党校国际战略研究所副所长、北京科技大学博士生导师周天勇发表微博称："今年全国一大批小微企业有可能被税务部门整死。"这条微博立即引发了轩然大波。

2012 年 5 月 25 日，在接受《中国企业报》记者专访时，周天勇回应称："这绝非危言耸听。减税、清费、发展社区小银行是关键步骤，这方面不动真格的，中小企业会越来越困难，会破产倒闭一大批。"

这样的问题在北京大学国家发展研究院联合阿里巴巴集团 2012 年 5 月发布的调查报告中得到了印证。本次调研针对中西部 1400 多家小微企业，涉及四川、重庆、陕西、湖南、湖北等省市。该调查报告显示，在调研所涉的 1400 多家中西部小微企业中，90% 的企业存在逃税的操作。其他调查的数据也基本在这个比例，甚至更为激进。

《一个小企业的逃税式生存：不逃税就倒闭》一文的开篇就描述了企业逃税漏税的问题："邵林（化名）的公司非常尴尬：再小一点，就是'税务部门懒得管的小虾米'；再大一点，就会进入'查收的重点范围'，偷逃税费会变得很困难。规范吧，成本巨大；不规范吧，又很难融资和进一步壮大。报纸上'小微企业减税'的大标题印得醒目，但邵林却看都没看就翻了过去。拥有一家有 40 多名员工、年营业收入达 1000 多万元企业的他，本应该与这样的新闻息息相关，但他为何如此漠不关心？——'再减我也不能缴那么多。'"

当看了这个案例后，我非常震惊，因为作为企业老板就必须遵循一个规则——合法经营、照章纳税。

然而，近年来中国的地税稽查部门在税务稽查中发现，企业法定代表人指使财务人员做假账偷逃税款的事件多如牛毛。因此触犯法律被判刑的企业老板也不在少数，而其中私营企业特别是家族企业尤其突出。

据地税部门介绍，私营企业中涉税违法犯罪的共同特点就是，这些企业法定代表人在利益驱使下，尽可能地少缴或者不缴税，经常利用企业财务人员为保住自己"饭碗"的心态，授意、指使财务人员做假账偷逃税款。

事实上，不管采用什么样的方式逃税漏税，税务稽查人员都能查出来。这就要求企业老板必须"合法经营，照章纳税"，特别是其中的"照章纳税"，这主要是强调企业对国家和社会应承担责任。

第 10 章

踏踏实实做一个小公司

先把自己沉下来，踏踏实实做一个小公司，如果说把四个行业网站缩成一个，踏实做好。

——阿里巴巴集团创始人 马云

讲话 34：先把自己沉下来，踏踏实实做一个小公司

我在研究家族企业死亡时发现，许多中小家族企业迅速死亡的一个致命因素，就是家族企业创始人盲目冒进，结果使得稳健的中小家族企业因为摊子铺得过大而倒闭。

事实上，一些中小家族企业在创业初期，由于制定的战略相对较为稳健，所以，中小家族企业的发展速度也较快。但是，有些家族企业一旦达到了一定的规模，家族企业创始人往往就会自以为是，盲目冒进，不去听家族成员或者职业经理人的谏言，最终亲手把自己辛辛苦苦打造起来的家族企业埋葬掉。

马云在《与卓越同行》栏目接受吴小莉采访时说道："我相信很多人都看过《2012》这个电影，大家发现整个世界的政治在发生变化，经济在发生变化，环境在发生变化。这个世界有钱的人不高兴，没钱的人也不高兴；有事业做的人不高兴，没事业做的人也不高兴。到底发生了什么事情，从我这个行业来看互联网，就是人类真正开始进入了互联网信息时代，进入信息时代一个最大的变革，经济行业，在 20 世纪工业时代，所有的企业都讲究规模、讲究大、讲究标准。从现在的企业开始，要讲究小、特色、附加值。以前是企业越大越好，今后的企业是越

小越好，是小而且美。这是我自己的看法，而且我坚定不移地认为，未来的世界一定是小企业越来越好，大企业越来越累。"

马云说："我记得有一年我去日本，看见一个小店，门口贴了一个条说，'本店庆祝成立 147 年'，据我估计，也就 20 平方米的一个店，里面卖的各种糕点，你看见那老头、那老太脸上洋溢着笑容说：'我们家这个店开了好几代了，147 年，日本什么天皇啊，什么什么大家族的人，都买我们的糕点。'你觉得特别有一种幸福感，互联网时代速度会发展越来越快，变化越来越快，每一个人，每一个很小的单位，都可以做出以往一个大企业可能做不到的事情。所以，我个人觉得，未来的世界是小的世界，影响中国经济未来的一定是小企业。"

如今阿里巴巴集团已经成为巨型企业，马云还是热衷于小型企业，因为小企业很幸福。马云说："我一直觉得做企业做大了，是一种变态行为，姚明这样的身材是不正常的，我们这样的身材也不正常，一般一米七八才正常。对，所以这个企业要量力而行。很多人在讲，哎呀，这个要想成为马云。我觉得，第一，成为马云你会很痛苦，今天要我重新选择，我一定不会再做马云，太辛苦了。这是实话，你看我们这个做大了以后，一会要担心资金，一会担心这个规模太大，一会儿员工，一会儿社会上各种事就出来，远远没有幸福感。"

对此，马云强调："先把自己沉下来，踏踏实实做一个小公司，如果说把四个行业网站缩成一个，踏实做好。"

然而，中国大部分创业者却喜欢做多，结果都是死在做多上，他们不喜欢踏踏实实做一个小公司，而是始终迷恋做多。

在《赢在中国》第一赛季晋级篇第七场，选手周宇的参赛项目是："女性社区连锁店，把女性用品细分出来，开大量的连锁店。"

当介绍完参赛项目后，作为评委的马云发问："周宇，你毕业以后，到现在为止的工作经历是什么？"

周宇回答说："我的第一份工作是在一个国有企业里当工人，第二份工作是在一个中美合资企业里做销售讲师，第三个工作就是现在自己在创业，已经九年了。"

马云追问说："是什么样的企业？做什么产品？"

周宇回答道："做女性用品，胸围底裤。"

马云继续追问："为什么选择女性用品，怎么想到的？"

周宇介绍说："我最初创办企业是销售化妆品的，这是第一个原因；第二是因为别人都说赚女性的钱和赚小孩的钱比较容易；第三点是，我在 1997 年底了解到女性胸围行业处于导入期，快进入成长期了。所以我就投资进入这个行业。"

最后，马云点评创业选手周宇说："周宇，我觉得你特实在。我想给你的建议是，你以后要少开店，开好店，店不在于多，而在于精。你要请一些优秀管理人才来帮你管理，比如说请一个好点的财务人才。我也不懂财务，但我请了一个非常好的 CFO 来帮我。一定要建一个好的团队。熊总让你多开店，因为他是做投资的，而我是做运营和管理的。从运营管理的角度来看，少开店，开好店，有一天你才能开更多的店。"

在浮躁的当下，很多创业者不顾自己的具体情况，盲目扩张，大规模开店，结果由于后续的资金问题导致整个创业企业的现金流断裂，最终倒下。

讲话 35：初创企业应该是做好，而不是做大

20 世纪 90 年代，很多企业家都在畅言将企业做大，甚至扬言在三到五年进入世界 500 强企业，在那个火红的年代，毫不夸张地说，进入世界 500 强是一代中国企业家的梦想。

回顾历史，1996 年，当"抓大放小"的国家战略刚提出来时，一些眼光敏锐的企业家开始把"抓大"与火热蓬勃的民族企业振兴运动结合了起来，这些企业家在实施"抓大"战略时，把目光盯在那个光芒万丈的世界 500 强梦想上。

由于中国国内市场的繁荣及新兴企业的集体胜利，曾经自卑的中国企业家们突然发现，原来进入世界 500 强也并非想象中的那么遥不可及，那些不可一世的跨国企业并不是不可赶超的。在这样的背景下，进入世界 500 强成为当年诸多中国企业家共同的梦想。

世界 500 强是由美国财经杂志《财富》发布的一个排行榜，主要以销售额和资本总量为依据，对全球的企业进行排名。

中国第一个出现在世界 500 强排行榜上的公司是中国银行。在改革开放没多久，当时的企业家们没有多少人清楚《财富》这个杂志的评选标准，也没有多少企业家真正地在意，因为每年数百亿美元的销售额对这些企业家而言无疑是遥不可及的。

其后的变化让中国企业家开始集体亢奋：第一，1995 年，《财富》杂志首次将所有产业领域的公司纳入其评选的范围。第二，中国国内市场的繁荣及新兴企业的集体胜利让企业家们看到希望。

1995 年底，海尔集团 CEO 张瑞敏第一次明确提出，海尔要在 2006 年进入世界 500 强。张瑞敏提出这个目标时，海尔的销售额仅仅只有世界 500 强入围标准的 1/18。

张瑞敏高调宣示把进入世界 500 强作为战略目标后的半年内，至少有近 30 位企业家明确提出进入"世界 500 强俱乐部"的具体时间表。

在那个喧嚣和浮躁的年代，进入世界 500 强就犹如一场奥林匹克运动会竞技赛。曾有专家因此评论说："进入 20 世纪 90 年代中期，每年一度的世界 500 强排行榜像工商界的奥运会，吸引着来自东方的炽热目光。"渐渐地，世界 500 强对于中国企业家来说无疑是一种图腾。

被世界 500 强的梦想所吸引的不光是企业家，与这股高昂气势相呼应的是，中央政府和学术界也同时形成了一个乐观的共识。"抓大"即应该全力扶持那些从市场中冲杀出来的企业，把它们尽快地送进世界 500 强。进入世界 500 强因此也成了一项国家经济目标。北京大学网络经济研究中心主任张维迎因此评论道："中国是唯一把进入世界 500 强作为政府方针的国家。"

在这样一个激情燃烧的岁月里，高歌猛进的集结号吹响了。在进军世界 500 强的号角里，有的企业因此而成为真正的世界 500 强，有的企业因此而倒下。2005 年，经济学家钟朋荣在评论德隆事件时也反思说："很多企业家的骨子里就是要让自己的企业早早地进入世界 500 强，看来，500 强情结已经给许多企业带来了灾难性的后果。"

后来的事实证明，钟朋荣的判断是正确的。世界 500 强情结让很多企业倒下，这主要是因为很多企业家为了实现这个目标而迷失自我，最终在奔向世界 500 强的道路上轰然倒塌。事实证明，当初创企业发展到一定规模后，创业者往往就被一时的胜利冲昏了头脑，开始大规模地冒进，只知道做大，而失去了踏踏实实地做强的初衷，等到幡然醒悟时却为时已晚。

这样的做法值得创业者警醒。在很多场合下，马云告诫创业者说："创业者不能刚创业，就希望迅速做大。"在马云看来，初创企业应该是"生存下来"，将初创企业做好，而不是做大。

在《赢在中国》第一赛季晋级篇第三场中，马云点评创业选手说："生存下来的第一个想法是做好，而不是做大。"

马云说道："每个成长型企业都会碰到成长中的痛苦，几乎所有以销售为导向的企业都会遇到先求生存后求发展的问题。一旦生存好了之后就忘记了自己是为了生存。初创企业都希望迅速做大做强，但生存下来的第一个想法应该是做好，而不是做大，这是我们这么多年走下来的经验。"

先做好，而不是先做大，这样的观点得到了《家族企业》印证。2006 年，美国《家族企业》杂志发布了"全球最古老家族企业榜"。该榜显示，这 100 家长寿企业的专业性或者专一性非常强。如金刚组，该企业是"全球最古老家族企业榜"的冠军，至今有 1400 多年的历史，一直从事着寺庙的建设与修缮。金刚家族第 40 代堂主金刚正和说："我们公司能生存这么久其实没有什么秘密。正如我常说的，坚持最最基本的业务对公司来说非常重要。"

金刚组这个企业给创业者的启示是，先做好，而不是做大。在《赢在中国》现场点评参赛选手时，马云告诫创业者不要贪大求多，重要的是做精做透。马云说："先把自己沉下来，踏踏实实做一个小公司。至于企业多元化发展问题，必须根据本企业的实际情况而定。"

在马云看来，只有做精做透，才可能做大，否则就如同一座地基不牢靠的大厦，倒下也只是时间问题。

创办于公元 578 年的金刚组，大名远播世界，它是一家日本建筑公司，而且这家公司的历史非常悠久，拥有 1439 年的历史，是世界上现存的最古老的家族企业。在 1955 年，金刚组转以有限公司的方式进行经营，由于涉足房地产开发，陷入经营困境，在 2006 年 1 月，新金刚组放弃地产建设的业务，转回建设寺庙的老本行。

在这 1435 年的历史中，金刚组尽管为了生存而转型，但是最终还是转回老本行。资料显示，位于日本大阪的四天王寺，被视为日本飞鸟时代的代表建筑，经历七次破坏，屡被修补，至今香火鼎盛。而金刚组的历史就是从建造四天王寺开始的。

公元 578 年，日本敏达天皇六年，日本用明天皇的皇子圣德太子为庆祝灭掉当时的废佛派执政官物部守屋，祈求法神四天王庇佑佛法及信众，于是下令修建四天王寺。

兴建四天王寺需要有最尖端的技术。圣德太子下令从韩国百济招请匠人柳重光，兴建四天王寺。

远在朝鲜半岛的金刚组鼻祖柳重光作为技师被委以重任。在日本书纪中，就有"为建难波之寺，自百济国招来造寺工匠"的记载。

在金刚组的发展历史中，主要业务还是以建造佛寺为主。在公元 607 年，金刚家族设计并建造了法隆寺，可以说已经达到了日本木造建筑的高峰。这也让金刚家族名声显赫。四天王寺和法隆寺的构筑施工方法至今还在沿用。其设计和建造方法都记录在金刚组《施工方法汇编》一书里。

由于修建四天王寺和法隆寺的影响，柳重光的子孙亦备受重视，由他们组成的金刚组，其"堂主"相当于总裁一职，至今已传至第 40 代。金刚组的企业架构分成多个小组，约 5 至 8 人为一组，各组保持其独立性，互为竞争。小组会集中改良固有技术，接单时总部会评估各组的能力，进而决定哪一组承办工作。

金刚家族第 40 代堂主金刚正和在接受媒体采访时坦言："我们公司能生存这么久其实没有什么秘密。正如我常说的，坚持最最基本的业务对公司来说非常重要。"

在金刚正和看来，无论是经济繁荣还是衰退，专一于自己的核心业务永远是生存之道。正是因为专注寺庙建设，金刚组才发展至今。

资料显示，在金刚组的发展过程中，由于社会的变迁，金刚组和其他企业一样，历经多次危机，甚至还多次差点倒闭。

金刚组的第一次危机是在 19 世纪的明治维新后，由于日本明治政府强化脱亚入欧，导致了日本人公开反对佛教运动，使得许多寺庙被毁掉，而金刚组无疑经营惨淡。

金刚组的第二次危机是在 1934 年，当金刚组传至第 37 代时，世袭传人却无意经营寺庙建设和修建，金刚家族只好任命第 37 代嫡孙之妻担任"堂主"，这才避免了金刚组的解散。

金刚组的第三次危机是在第二次世界大战期间，由于日本政府发动了侵略战争，金刚组也因此差点倒闭，金刚组通过制造军用木箱，这才度过日本侵略战争时期。

金刚组的第四次危机是在 20 世纪 90 年代，从 20 世纪 90 年代开始，日本经济下滑，特别是泡沫经济破灭之后，购买力相对下降，巨大负债的金刚组终于在 2006 年宣布清盘，资产由高松建设 2005 年 11 月创建的同名子公司"金刚组"接管，金刚组重回老本行，专做寺庙建筑。在清盘前，金刚组 2005 年财政年度收入为 75 亿日元，有 100 名员工，经点算后，负债额为 40 亿日元。

世界第一长寿企业的金刚组为什么会因负债累累而面临经营危机，甚至一时濒于破产边缘呢？

由于木质建筑改造费用过于昂贵，日本的寺院开始用水泥建筑来替代木质建筑。

为了维持金刚组的市场份额，金刚利隆会长也开始跻身水泥建筑，然而由于大承包商势力强大，不怕激烈的价格竞争，而金刚组却不惜亏本承接工程，无疑就导致了巨额的亏损，为填补亏损，金刚组又涉足公寓建设，结果使得经营雪上加霜。

面对这个问题，时任金刚组第 39 代堂主的金刚利隆会长坦言，原因在于没能恪守祖传的戒律。金刚利隆坦言："这叫遗言书，都是必须遵守的东西。"

在金刚组的家训中，明确谈道："必须把精力集中在长年来从事的神社佛阁的工作，不可不自量力，要埋头本行，严戒盲目多样化经营。"

日本放送协会采访金刚利隆："原本在神社佛阁方面明明

拥有一技之长却参与了并不拿手的公寓之类的，而那是劲敌的地盘。有竞争对手，结果怎样呢？"

金刚利隆承认："有点招架不住了，但还是想要赢，只好再降价。比如三亿元的工程，两亿五千万元就接下来了。结果赤字越来越大。"

对此，金刚利隆反思说道："都因为我这样子，过于出头露角了。大家认为这样不行。"

资料显示，金刚组如今在日本大阪当地建筑公司的援助下已经重建。重建后的金刚组决心立足本行，开拓业务。

不仅如此，在金刚组的 100 多名庙宇木匠中，并没有因为金刚组遇到经营危机就辞职，而是致力于让传承千百余年的技艺薪火相传。其中一位木匠接受日本放送协会的采访时坦言："一千多年前来到日本。他们的技术今天仍在被使用，后人师承的技术我们要一直传下去。我传给纯志，纯志再传给他的徒弟，一直传下去。这已经持续一千年了。这种技术当然不能让它失传，必须好好保护传统的东西。"

这种信念使得 100 多名木匠能够齐心协力地靠老本行创出业绩。金刚组已经着手宣传木造建筑的经久耐用性，因为金刚组积累了大量的木质建筑的修复技术。

在木造建筑修复中，金刚组建议，不改为水泥，同样也能长久地维持，同时还能降低维护费用。有些在外表上无法发现的建筑破损，只要经过专家的锐眼辨别，就能找出需要修复的部位。

即使是建了三百年的寺院天花板上的木材折断了，根据专家的判断，也是完全可以修复的。在金刚组的木匠看来，经过修复木质建筑依然重获新生。比起寿命为一百年的水泥来，木质建筑更加结实坚固。

重回本行的金刚组，其名声在寺庙间逐渐传开，业绩也开始渐有起色。金刚组营业课长芦田建司在接受日本放送协会的采访时坦言："不能因为价格竞争激烈就随波逐流。这样会丢失我们的个性，还是应该持之以恒。金刚组的个性，我们的特性，绝对不能忘记。要一直坚持下去，过去是这样，现在也是，未来也是如此。"

从金刚组的案例可以看出，规模不是做大做强的唯一手段。而且，如果盲目追求规模，不仅不能做大做强，相反还会使得企业遭遇经营困难。对此，业内专家表示，规模效益并非是单纯地增加规模就能增加效益。其本质是由规模带来成本的下降，产品竞争力的提升，毛利率的维持或者提升。①

不仅如此，当一个企业达到一定规模时，创业者很快就被胜利冲昏了头脑，并开始大规模地冒进，而失去了踏踏实实地做好、做强这个企业的兴趣，等到醒悟过来，却为时已晚。与这些企业希望一上手就迅速做大做强不同，马云认为企业"生存下来的第一个想法是做好，而不是做大"。

---

① 朱剑平，王春. 亚星化学山东海龙陨落 大股东"抽血"不断 [N]. 上海证券报，2012-09-25.

讲话 36：少做就是多做，不要贪多，做精做透很重要

一些创业者很好奇地问李嘉诚："凭什么你到处投资，做这个做那个，基本都成功，为什么中国绝大多数人都不成功，你能成功？"

李嘉诚回答说："手头上一定要有一样产品是天塌下来都是挣钱的。"因此，对于任何一个创业者而言，不一定做大，但前提是一定要做好。如便宜坊烤鸭店正是因为做精做透，才能够持续六百年不倒。

那些知名企业最初都有一个最擅长的领域，努力把品牌做强而后再做大。将品牌做好做强后自然有的是机会做大，而如果一开始就迅速做大的话，反而会落到迅速做大的陷阱里面去，最终导致失败。

在《赢在中国》现场点评参赛选手时，马云给创业者的意见就是，不要贪大求多，重要的是做精做透。在很多企业家论坛上，一些企业家都在谈论如何学习 GE（通用电气）的多元化。甚至在很多家族企业创始人的办公室都有一本关于通用电气前 CEO 杰克·韦尔奇的自传。这些企业家借鉴通用电气的多元化，足以证明中国家族企业创始人对多元化的迷恋。

然而，遗憾的是，在很多中国家族企业多元化经营中，都面临一个非常棘手的问题——当家族企业达到一定规模后，创始人就会迫不及待、信心十足地进入一个全新行业中，最后往往不仅新的行业没有达到预期的经济效益，而且原来的主业也因不停被"抽血"而奄奄一息，甚至因此破产倒闭。可以说，半数以上的中国家族企业的死亡跟创始人盲目多元化有关。

客观地说，商业机会是任何一个企业都希望得到的战略资源。但是，并不是所有的战略资源都可以开发成战略产业。有些战略资源能够形成战略产业，有些战略资源则只能为资本运作和战略结盟提供题材和想象空间，却不适于作为一种战略产业来经营。只有那些特别冷静的战略制定者，才不会被冲动和狂热牵着走，才会避开那些伪装成机会的陷阱。①

在中国，很多中小企业的战略资源本来就不多，一旦战略失误，必将流失最宝贵的战略资源。对此，三株创始人吴炳新深有感触，他在接受媒体采访时强调："不该挣的钱别去挣，天底下黄金铺地，不可能通吃。这个世界诱惑太多了，但能克制欲望的人却不多。"

创业者在做企业时，一定要保持专注。"专注"的价值不在于今天能够完成多大的销售额，而在于持续地改善，持续地增长，持续地满足需求。一个中小企业经营者有了持续的"专注"，就有了"独自掌握和占有"资源的能力，也就有了在某个区域领先于大企业的能力。虽然有些中小企业经营者不认可"专注"的价值和潜力，但时至今日做"减法"制胜的案例往往多于做"加法"的，可以肯定地说，正是因为专注，才成就了阿里巴巴集团和华为等伟大的企业。

在《赢在中国》第二赛季晋级篇第二场中，马云点评创业选手王强说："我觉得你很有能力，也很年轻，不投你的原因就是你想做的东西太多，想得太多，想做的也太多。年轻人创业的时候都会犯的一个错误——我希望每个人来用我的产品和服务，这是不可能的。定位要

---

① 王育琨. 任正非的别样视野 [N]. 上海证券报：C8 版，2007–11–23.

准确才能做好。我对所有的创业者，包括你也有一个建议，少做就是多做，不要贪多，做精做透很重要。碰到一个强大的对手或者榜样的时候，你应该做的不是去挑战它，而是去弥补它，做它做不到的，去服务好它，先求生存，再求战略，这是所有商家的基本规律。你还没有站稳脚跟就去跟人家挑战肯定是不行的，先生存再挑战，这样赢的机会就会越来越大。"

在蓝海战略高峰论坛上，马云告诫创业者说："其实我们走了这么多年，这两年人家才说我们好，我认为我们不好，绝大多数中国企业是来得很快，走得也快，涨得快，掉得也快。阿里巴巴有一点不同，一旦我们认定对的事情，我们坚持不懈做下去，做三年，做五年做下去，从阿里巴巴到淘宝网、支付宝，到雅虎，我们都认为如果我不做这个市场，我前面的梦想要破坏了。

"所以我做淘宝网，我做淘宝网之后，阿里巴巴、雅虎都有之后，我不做支付宝，前面都是瞎掰。我不相信中国的企业可以多元化经营，多元化投资可以。我认为是因为我的需要，我不做别人会杀掉我，就这么简单。真的挺难为情阿里巴巴集团成功，跟娃哈哈比，跟林总比，跟沈总比，我挺难为情，我是红海中的一只小甲鱼。"

第 11 章

最优秀的模式往往是最简单的

优秀的公司模式都是单一的，复杂的模式往往会有问题，尤其是刚刚初创。

——阿里巴巴集团创始人 马云

讲话 37：好的商业模式一定得简单，阿里巴巴集团 现在的商业模式很简单，就是收取会员费

据阿里巴巴集团上市公司的年报数据显示：阿里巴巴集团 2006 年收入 13.6 亿元，净利润 2.2 亿元；2007 年收入 21.6 亿元，净利润 9.7 亿元；2008 年收入 30 亿元，净利润 12 亿元。[①]

阿里巴巴集团高速成长成为庞大的帝国，离不开马云对阿里巴巴集团赢利模式的设计和创新。而马云创办的"支付宝""物流宝"等等，都是商业模式创新的直接体现。

在 2008 年由美国次贷危机引发的金融危机中，许多明星企业都出现严重亏损，但阿里巴巴集团 2008 年收入比 2007 年增长 39%，净利润比 2007 年增长 25%，足见商业模式的巨大力量。[②]

在那个寒冷的互联网冬天，马云向那些难以置信的记者们解释道："我之所以敢这样说，是因为阿里巴巴集团找到了自己的赢利模式。

---

① 华讯财经 . 马云：阿里成功的关键在于商业模式 [EB/OL].2017.http://finance.591hx.com/article/2012-12-07/0000293762s.shtml.
② 华讯财经 . 马云：阿里成功的关键在于商业模式 [EB/OL].2017.http://finance.591hx.com/article/2012-12-07/0000293762s.shtml.

好的商业模式一定得简单，阿里巴巴集团现在的商业模式很简单，就是收取会员费。"

阿里巴巴集团是一个 B2B 电子商务，这类公司的赢利模式如下表，见表 11-1。[①]

表 11-1　B2B 电子商务公司的赢利模式

序号	内容
（1）	会员制收费模式
（2）	网络广告收费模式
（3）	关键字搜索与点击（竞价排名）推广
（4）	关键词搜索与黄金展位
（5）	企业建站有偿服务
（6）	融资服务

事实证明，优秀的公司模式往往都是单一的，复杂的模式往往会有问题，因为好的商业模式一定得简单。在《赢在中国》第一赛季晋级篇第四场中，创业选手林天强的参赛项目是：以新媒体技术和新商业模式重新整合影视生产发行产业链，将投资风险和垄断利润合理分配到各环节，使得收益和风险匹配，从而使中国历史文化资源和影视生产要素得到有效的利用。[②]

我要解释一下什么叫新电影，因为电影是艺术，但是它是技术引导的艺术，电影是商业，是技术引导的商业，电影是

① 孙力 . 创城记 [EB/OL].2017.http://vip.book.sina.com.cn/book/chapter_221440_238974.html.
②《赢在中国》项目组 . 马云点评创业 [M]. 北京：中国民主法制出版社，2007.

政治，它是技术传播的意识形态。

我们新电影改变传统产业链，不能让电影成为随机拍脑袋的东西，要让电影成为流程。有创意的很多很聪明的网民，受过高等教育，喜欢电影的人都愿意参与到电影策划当中来。

我们现在和国务院发展研究中心企业研究所在大学有一个项目，收费很高，一个学院是20多万元。我也是做新电影，通过电影来谈管理，我们的电影花这么多钱，这么多聪明人费尽精力想讨你喜欢，想让你高兴，想让你获得知识，比商学院好得多，我提供的这些产品会很好。

在网上我建立了新电影超市，我们有一个数字版权在线直销或者在线分销。比如说新开的投资的电影，如《指环王4》，现在我有一个片花下载下来，别人一看说我得看一看，电影院很远，旁边会出来一个标，一点标就可以购票，马上实现销售，取得收入。不仅是电影票，还有游戏点卡，比如说音碟，比如书。

我可以大量地积累啊。你现在没有完全看明白商业模式，我感到很庆幸，你要模仿我就觉得很危险。

当林天强介绍完创业项目后，马云坦言："就因为我听不懂，你觉得就是好模式。我将来想做教育、农业和环保。我小时候看电影，所以投资电影是一种教育，我希望投资的公司能拍出好的电影、好的电视剧，这样对中国教育有帮助，我纯粹是这样。"

其后，马云点评说："我觉得林天强犯了一个大忌——'我的模式说不清楚，我也不知道，但是我一定能做出来'。我碰上很多人这样，

'我不知道怎么做，但是我一定能做出来'。这个是很忌讳的，你要讲清楚，最优秀的模式往往是最简单的东西。尤其初创的时候寻求单一简单很重要。我们最怕一个人说我有机会生一个蛋，这鸡说不定变成奥斯卡的金牌鸡，越说越玄，越跑越远。这是我们的一个建议。你的模式要单一，简单，会说清楚，不要怕单一别人会拷贝，别人不一定像你一样特别想把这件事情做出来。优秀的公司模式都是单一的，复杂的模式往往会有问题，尤其是刚刚初创。所以我觉得电影这个行业前景我非常看好，现在整个中国电影市场三十几个亿，跟中国经济增长一样是有很大的前景和空间发展的。"

讲话 38：在创业的时候，无需过分看重商业模式

在最近的媒体报道中，商业模式已经炒得很热，不管是企业家还是创业者，都热衷于向外界传递自己的商业模式信息。

就好像"此地无银三百两""隔壁王二不曾偷"这样的故事一样可笑。然而，马云却告诫创业者："一家企业的商业模式并非一定要让外人看见。在创业的时候，无需过分看重商业模式，但是一定要知道自己要做什么。想成功不需要模仿成功企业的模式，即使是世界上最好的企业，它的模式也未必是最好的，未必是适合自己企业发展的。当有投资

者提出质疑时，最好的办法就是做出好成绩，让他们看到，他们自然会相信。"

不仅仅是马云，高原资本董事总经理涂鸿川也同样在公开场合表示："一个好的商业模式是持续盈利的，也就是说你的生意会有回头客。团购刚出来时非常火，每个投资人都想投，可是后来发现许多团购很可能是昙花一现，因为用户的消费体验和回头率不理想，这也是不可持续的。"

在 20 世纪 90 年代末期，发达国家电子商务已经开始兴起，眼光独特的马云敏锐地觉察到，亚洲人应该有自己的电子商务模式，而当时所有的电子商务都是大企业的电子商务，亚洲独特的电子商务不应该是简单的 B2B（Business To Business），而应是商人对商人（Businessman To Businessman）。这是亚洲人独创的模式。①

于是，刚创办的阿里巴巴集团网站开始免费为中小企业登信息，"以后也将永远免费"。按照马云的这个思路，阿里巴巴集团应该建立在网上论坛 BBS 按行业分类发展的基础之上。

然而，让马云没有想到的是，团队成员并不认可马云的这个思路，甚至还拍着桌子与马云争论阿里巴巴集团整体方案。

经过再三比较，马云还是坚持自己按照网上论坛 BBS 按行业分类发展的想法。尽管不能说服团队成员，但是马云却强制团队成员按照自己的方案去执行。

正是因为马云的坚持，最后阿里巴巴集团还是按照马云的构想逐步

---

① 佚名 . 马云：公司名字缘何而来 [EB/OL].2014.http://roll.sohu.com/20111124/n326762114.shtml.

建立起来了。

经过几个月的筹备建设，阿里巴巴集团这个网站终于创办起来了，还给客户解决了一些切实的问题。

比如：来自山东青岛的一个商人，每年从韩国购买一种设备。但该商人判断，该设备的产地其实就在中国。

然而，由于信息不畅，该商人无法找到在中国生产该设备的厂家。一次偶然的机会，该商人在阿里巴巴网站上刊发了一条求购该设备的信息。没过几天，一个中国厂家就主动联系上了该商人。令该商人没有想到的是，该厂家竟然就在青岛。

再比如：一家东北生产小商品的企业为了扩大销售，将产品信息发布到阿里巴巴网站上。结果一年下来，46 个客户中竟然有 44 个来自阿里巴巴集团网站。

在口碑的作用下，一传十，十传百，阿里巴巴集团就这样声名鹊起。不过，马云很清楚，由于中国电子商务尚不成熟，只有利用发达国家已深入人心的电子商务观念，为外贸服务，才能得到丰厚的利润。在这样的指导思想下，阿里巴巴集团开设了一个名为"中国供应商"的专区，把中国大量的中小型出口加工企业的供货信息，以会员形式免费向全球发布。就这样，阿里巴巴集团走向了世界。[①]

对于创业初期的商业模式，马云是深谙其道的，只不过没有真正地向外传递过。马云在公开场合表示："永远不告诉任何人我们是如何赚钱的。过早地暴露商业模式，会变成别人的复制对象。关于赢利模式我

---

① 佚名 . 马云：公司名字缘何而来 [EB/OL].2014.http://roll.sohu.com/20111124/n326762114.shtml.

们没有义务和别人探讨，我们又不是上市公司。我们得学会保护自己，网络的赢利模式在初期很容易复制，但等到三五年之后就太难了，几乎没有可能。"

马云在公开场合坦言："以前在香港很多人一定要问我怎么赚钱的，我跟很多香港人说，我不告诉你。我为什么要告诉你？前几年你是什么模式，谁都有权利责问你，就像问一个女孩子的年龄，这是不礼貌的。所以，我那时候说，我不告诉你我的模式，除非你是我的投资者，所以我的投资者跟我三四年下来以后才明白。当然我们这么说不是永远不告诉你，到了华尔街以后一切很透明。今天的阿里巴巴模式不是我们未来的模式。不跟别人探讨模式，并不意味着我们没有模式，等我们跟你探讨模式的时候，我们这个模式已经成了昨天的事情。这是一个做商人很基本的道理，你告诉别人你的模式多么好的时候，那么你的企业一定会出问题。"

就如高原资本董事总经理涂鸿川所言："执行一个好的商业模式，眼光真的要放长远。不能说我们投了你，来一个对赌，你今年说要挣1亿元，如果挣不到我要多拿你5%~10%的股份。这十八年来我从不对赌，这也跟商业模式有关。企业受到了对赌的压力，为了完成对赌条款而拼命多挣钱，结果很可能把原有的商业模式破坏掉，把用户体验搞乱。"

第 12 章

核心竞争力就是你和你的团队

我有一个优秀的财务总监蔡崇信和 LiChee，我们在一起合作已经很多年了。没有他们就没有阿里巴巴集团；而没有我的话，还会有另一个阿里巴巴集团。我们一定能成功。就算阿里巴巴集团失败了，只要这帮人还在，想做什么就一定能成功！

——阿里巴巴集团创始人 马云

讲话 39：世界上最好的团队是唐僧团队

随着《三国演义》在华夏大地的盛传，很多政治家、农民起义者，以及如今的创业者都自觉不自觉地认为，世界上最好的创业团队是《三国演义》中蜀国的团队：刘备、关羽、张飞、诸葛孔明、赵子龙……

在这个创业团队中，最早加入的关羽武功较高，而且非常忠诚，张飞同样武功较高，忠诚度较高，且两人都是刘备拜把子的兄弟；诸葛孔明是一个难得的初创公司 CEO；赵子龙武功较高，忠诚度较高，最有名的就是舍命救刘禅。

应该说，这样的一支创业团队已经是一支出色的团队了。然而，马云却说，自己更喜欢《西游记》中的唐僧团队。

马云说："我比较喜欢唐僧团队，而不喜欢刘备团队。因为刘备团队太完美，而唐僧团队是非常普通的，但它是天下最好的创业团队。"

事实证明，在当今激烈的企业竞争中，个人英雄主义已经告别了历史舞台，单打独斗的剑客时代已经成为历史，只有高效的合作团队才能赢得竞争。

楚汉战争最终以刘邦集团的胜利而宣告结束。西汉初年，天下大势已定，作为刘氏集团创始人的汉高祖刘邦，特意在洛阳南宫举行盛大宴会答谢群臣，当刘邦喝了几轮酒后，向群臣提出一个问题："我为什么会取得胜利？而项羽为什么会失败？"

高起、王陵认为，刘氏集团的胜利归功于刘邦分派有才能的人攻占城池与战略要地，同时给立大功的人加官晋爵；项氏集团的失败，主要的问题在项羽。项羽有贤人不用，立功不授奖，贤人遭疑惑，失败是必然的。

刘邦听到此番评论，认为非常有道理。刘邦也认为自己取胜的重要原因是善于运用能人。刘邦对群臣说道："夫运筹策于帷幄之中，决胜于千里之外，吾不如子房。镇国家，抚百姓，给饷馈，不绝粮道，吾不如萧何。连百万之军，战必胜，攻必取，吾不如韩信。此三者，皆人杰也，吾能用之，此吾所以取天下也。项羽有一范增而不能用，此其所以为我擒也。"

项羽的失败给创业者的启示是，作为创业者，尽管力大无穷，但是也不要妄想一手遮天，抱团才能打天下。

的确，阿里巴巴集团的做强做大不可能仅凭马云一个人，必须建立在马云和他的团队"十八罗汉"的基础之上。时至今日，马云和他的"十八罗汉"的故事，已经成为商学院的案例传遍了中国的大江南北。

回顾阿里巴巴集团的发展史，阿里巴巴集团初期也和大多数创业公司一样，非常弱小。为了从诸多的创业公司中脱颖而出，创业团队就必须面对超负荷的工作量，而且只能拿到微薄的薪酬。

时隔多年，马云回忆说道："做客服的女孩子们经常要讨论、交流工作，而工程师则需要安静的环境。为了能够静下心来思考，这些工程师们把自己关在一间小屋里，与世隔绝，并尽量和客服部的女孩子们错开工作时间，选择每天晚上十点到凌晨四点工作。加班加得晚了，这群人索性在会议室里打地铺，第二天起来继续干。其他同事早上到公司时，常会看到一大堆男人倒在地板上鼾声如雷的景象。"

从马云的回忆中不难看出，创业时期非常艰难。然而，创业团队却在拼命地工作着。这些创业者奋斗的目标只有一个，就是和马云一样，要在一家中国人创办的全世界最好的公司做事。

马云在公开场合坦言："虽然你是创办人、是股东，但公司也可以不聘请你。如果你业绩不佳，也不一定能在管理岗位上做下去。当然你可以享受投资回报。"

马云感叹："阿里巴巴集团创业的时候，18个人，在杭州湖畔花园，尽量地吵，尽量地闹。有时候吵架也是一种缘分，闹更是一种缘分。我们是一个团队，大家互相交流、沟通，这是很大的缘分。"

讲话 40：创业时期运用明星团队是下下策

马云在很多场合下曾谈过"十八罗汉"随他回杭州创办阿里巴巴集团的经过。尽管已经过去十多年了，但是谈及此，马云却仍然非常感动地说："阿里巴巴集团可以没有我，但不能没有这个团队。多年来，各种各样的压力很多很多，但是每次团队都给了我很大的勇气、很多鼓励。"

马云的回忆足以证明，团队才是阿里巴巴集团这个巨头成功的核心所在。马云深知，在阿里巴巴集团，如果没有当初的创业"十八罗汉"，就没有如今的经营团队，就根本不可能让阿里巴巴集团引领潮头。

不管是在私下谈话，还是在公开场合的演讲，马云都坚持团队造就了阿里巴巴集团的观点："我是个非常幸运的人，在我身陷困境的时候，总能遇到好人。这一切都是人际关系，是友谊，是合作伙伴关系。我很开心，因为我有一个优秀的财务总监蔡崇信和 LiChee，我们在一起合作已经很多年了。没有他们就没有阿里巴巴集团；而没有我的话，还会有另一个阿里巴巴集团。我们一定能成功。就算阿里巴巴集团失败了，只要这帮人还在，想做什么就一定能成功！我们可以输掉一个产品、一个项目，但不会输掉一支团队。"

事实证明，若想创业成功，没有一个好的团队肯定是要失败的。这个道理虽然很简单，但是作为创业者，要想组建一支能文能武的团队却是相当困难的。

马云告诫创业者，在创业初期，千万不要把一些曾经成功或者如今已经很成功的人聚集在一起，尤其是那种 35~40 岁就已经功成名就的人，和那样的人合作会非常困难。

《赢在中国》的一位创业选手曾自信满满地对马云谈到，他不仅有一个较好的创业项目，更重要的是他拥有一个非常优秀的明星团队。

该创业选手理所当然地认为，这个明星创业团队必定给他的创业企业带来很好的发展前景。

然而，让该创业选手失望的是，马云对此不但不看好，反而感到担心。马云对该创业选手说："你最骄傲的是你的团队，你的团队恰恰是我最担心的，创业时期千万不要找明星团队，千万不要找已经成功过的人跟你一起创业，在创业时期要寻找这些梦之队：没有成功、渴望成功，平凡、团结，有共同理想的人。这个是我看了很多人的创业过程才总结出来的。"

马云考虑这样的问题，其原因是，没有成功却渴望成功的人不仅学习能力很强，工作激情也很大，而且容易接受别人给他的意见，所以是最合适的创业伙伴。而成功过的人，心里已经有了自己的理论和模式，所以很难接受别人的意见。①

马云自豪地说，阿里巴巴集团就是一个名副其实的"梦之队"，更重要的是每一个成员都清楚该如何做。

马云建议创业者，在创业前要让每一个队员都明白创业者自己的想法，并让他们赞同，而不仅仅是给他们发工资而已。

马云说："一个人打天下永远不行，你没这个能力，打天下要靠整个团队。找这些团队成员，不要他们为你工作，你要告诉他们你的理想是什么。'这是我的梦，你愿不愿意跟我一起实现。我现在是一个疯子，你愿意就跟我走，不愿意就不要跟我走。'"

不可否认的是，当下有些创业者认为，只要创业者拥有足够的能力、充裕的资金和前瞻的技术，创业者一个人也能单枪匹马地杀出重围，从而成为隐形冠军。

马云却不以为然，告诫这类创业者说："不要妄想一手遮天，在现在的社会中，抱团才能打天下。"

马云拿阿里巴巴集团举例说，今天阿里巴巴集团取得的成绩离不开

---

① 周星潼.芝麻开门：成就阿里巴巴网络帝国的 13 个管理法则 [M].武汉：华中师范大学出版社，2012.

阿里巴巴集团十多年的坚苦卓绝的努力和奋斗牺牲。同样，对于任何一位创业者来说，只有拥有一支竞争力较强的创业好团队，才能真正地做到战无不胜、攻无不克，才能成为真正的隐形冠军。

讲话 41：团队支撑靠的就是价值观、使命感

在媒体的曝光率中，马云的出镜率非常高。当然，在这些报道中，马云可不止一次被称为"狂人"。而他"语不惊人死不休"的观点也一浪高过一浪地出现在头版头条。

比如，在一次演讲中，马云就坦言："没人能挖走我的团队。"这样的豪言壮语是马云的自信，还是作秀呢？

答案当然是自信。在 2003 年，马云接受《财富人生》节目的访谈时说："我永远相信一点就是不要让别人为你干活，而是为一个共同的目标和理想去干活，我第一天说要做八十年的企业、成为世界十大网站之一。我们的理想是不把赚钱作为第一目标，而把创造价值作为第一目标。这些东西我的股东和董事还有我的员工都必须认同，大家为这个目标去工作，我也是为这个目标去工作。作为一个 CEO，我不希望我手下的同事是奴隶，'因为我控制了 51% 以上的股份，所以你们都得听我的'，没有意义。"

事实上，在很多创业公司中，一些创业者偏爱"山头主义"。然而，马云却采取了另一种做法——为共同的价值观和理想工作。

阿里巴巴集团的团队精神是：共享共担，以小我完成大我。乐于分享经验和知识，与团队共同成长。有团队主人翁意识，为团队建设添砖加瓦。在工作中主动相互配合，拾遗补缺。正面影响团队，使大家积极地朝着同一个方向前进。[①]

事实证明，作为创业者，要想打造一支高效的团队，就必须让团队成员为一个共同的理想工作，而不是为老板工作。这样才能提升其忠诚度，就像马云所言："没人能挖走我的团队。"

马云坦言："一支团队能支撑着走到现在，靠的就是价值观、使命感。企业文化是空的、虚的，没有支撑着的东西是无法前进的。价值感与工资是阴阳八卦，阴阳调和两手都要硬。我们公司成立的第一天起从CEO 到保安公司每个人都持有股份。我们要用智慧、眼光来引导员工。我们对进来的员工都给予他们三样东西：一是良好的工作环境（人际关系），二是钱（今天是工资，明天是奖金，后天是每个人手中的股票），三是个人成长。第三点是非常重要的，公司要成长首先要让员工成长，人力资源不是人力总监一个人的事，而是从 CEO 到每个员工都要认真对待的事。要让员工成长是件很困难的事，要很长的一段时间。我们还要做到的是帮助外面刚进来的员工融入我们这个团队。"

众所周知，带团队就是带人心。阿里巴巴集团创业团队中的成员被马云这个"路见不平、拔刀相助"的热心肠感动着。

---

① 金错刀. 马云管理日志 [M]. 北京：中信出版社，2009.

在杭州师范学院英语专业学习期间，作为学院学生会主席的马云，经常帮助其他同学。当时班上一名同学专业成绩相当不错，仅仅因为一点小小的错误，被取消其研究生考试资格。

客观地讲，如果该同学不能参加研究生考试，那么就不会有专业发展的机会。当然，也就意味着该同学要被分配回远在农村的家乡去教书。

面对这样的情况，马云先是去找班主任，然而去找系领导，最后去找院领导汇报这个情况。马云花了两天半的时间才说服学校同意恢复那位同学的考试资格。

这件事情时隔近十年之后，一次深圳之行，马云得到了这个同学的热情接待："我听老同学们说你到了深圳，所以专门从广州赶来看你。"

此时，该同学已是一家著名的外资企业广州分公司的总经理。

马云坦言："虽然也有被出卖的伤痛，但有一颗善良宽容的心，总能交上一大把真诚的朋友。现在不定什么时间，突然没来由地会有一个朋友打电话过来：喂，马云，现在怎么样？没什么大不了的，有事我们给你扛着！"

正是因为马云的"路见不平、拔刀相助"，使得马云在上学和在大学任教期间如同及时雨宋江一样结识了许多日后同甘共苦、风雨同舟的创业伙伴。

在阿里巴巴集团创业伙伴中，有马云当年的朋友、马云当年的同事、崇拜马云出色讲课的学生，以及在夜校等地方认识的商人。

在马云的创业过程中，无论是马云率队北上，还是回到杭州创业，总有这些不离不弃的伙伴形影相随，比如昔日的同事、现任阿里巴巴集团副总裁的彭蕾，昔日的学生周悦红、韩敏、戴珊、蒋芳等人，因为对这位曾经的马老师的钦佩和敬慕，他们"脑子一热"也跟着马云一起闯荡商界了。在后来的阿里巴巴集团创业元老"十八罗汉"核心成员中，竟然有一大半是马云的学生，这在全世界的创业案例中也是极其罕见的。[①]

　　当然，这也就是"狂人"马云敢于无比自豪地站在中央电视台的演播大厅里，对着镜头告诉全中国亿万观众"天下没人能挖走我的团队"的真正原因。

[①] 王傅雷．左手马云右手史玉柱 [M]．北京：北京理工大学出版社，2009．

第 **13** 章

最重要的是明白客户需要什么

其实在公司里，最核心的问题是根据市场去制定你的产品，关键是要倾听客户的声音。市场打进去了，到一定程度的时候就必须倾听客户的意见。

——阿里巴巴集团创始人 马云

讲话 42：根据市场去制定你的产品，关键是要倾听客户

我在撰写《日本百年企业的长赢基因》一书时发现，日本很多企业都善于倾听客户的意见，在研制新产品和改良老产品时，客户投诉部门必须参加，一旦该部门没有参加，研制新产品和改良老产品会就无法进行。日本产品能够赢得世界消费者认可，足以证明他们倾听了客户的意见。

中国改革开放之后，人民生活水平得到了极大的提高，过去需求大于供给的时代已经远去。在这样的背景下，创业者要想把产品销售给客户，关键是要倾听客户的声音。

马云坦言："以前工厂生产东西寻找客户，而现在是客户需要什么东西，工厂按照需求生产。永远用自己独特的眼光去看市场。"

在马云看来，随着客户越来越偏向个性化需求，作为创业者只有满足客户的这些个性化需求，才能赢得客户。2010 年 9 月 16 日第六届中国（临沂）商品市场峰会上，马云用一个生动的例子来形容 21 世纪的市场："二十年前，一个姑娘到临沂商场去买衣服，营业员说，我们这件衣服卖得特别好，昨天卖出 500 件了，那姑娘一定会买这件；如果现

在的营业员再这样说，那么估计这姑娘就会说：谢谢，我希望临沂就这一件。"

马云说，虚拟市场的兴起带来的冲击是巨大的，一种新的经营与销售模式的诞生，迫使企业必须积极改变自己，趋合形势，互联网对信息、情报的敏感度远远超过过去任何一种渠道，因此临沂中小企业尤其是做批发生意的企业必须通过互联网迅速了解消费者，了解客户群体的消费需求。①

在《赢在中国》第一赛季晋级篇第五场上，有人问："目前，销售部、研发部和生产部矛盾重重，如果你是佟先生，你怎样才能打破这种僵局呢？"马云针对这个问题点评说："我想谈一点看法，其实在公司里，最核心的问题是根据市场去制定你的产品，关键是要倾听客户的声音。市场打进去了，到一定程度的时候就必须倾听客户的意见。一切产品，都必须倾听客户的意见，必须搞清楚客户到底需要什么，这样我们才能确定怎么生产，确定如何满足客户的需求。很多企业前面的成功往往为后面埋下了更大的失败，因为他们不清楚自己为什么会成功，像赌博一样，一开始是赢了，第二次还是照原来的套路，但市场和周围的环境是变化的，而他们不了解客户和市场需求的变化。所以，成功了，要了解为什么会成功；失败了，更要搞清楚为什么会失败。"

日本企业往往能坚持不断地改良自己的产品，与顾客需求与时俱进。日本著名管理学家今井正明撰文指出，欧美企业往往追求创新主导，即通过新产品、新市场来提高企业的利润（外向型增长），而日本

①邱小华．马云：创业者要谈学会倾听客户的需求 [N]．市场导报，2010-09-29.

企业则更倾向于通过内部流程控制和成本控制，精益求精，使得产品具有更好的性价比。创新型企业适合于那些变化较快的行业，而改善型企业则适合于那些变化不大的行业。

事实上，企业要想做到全面质量控制，关键环节还是人，仅仅依赖质检部门是不够的，只有将员工的质量意识贯穿于生产的每一个环节中，才能提升产品的质量。

在这方面，日本企业已经积累了丰富的经验。美国哈佛大学教授迈克尔·波特与以两名日本学者为首的团队，耗时十年对日本经济进行了系统研究，结果显示，日本企业界的一个较为普遍的现象是日本企业长于提高运营效率，而短于制定独特的竞争战略。由此可以看出，不断改良是日本企业长寿的一个重要因素。

成立于 1887 年的花王株式会社（Kao Corporation），拥有 130 年的历史，总部位于日本东京都中央区日本桥茅场町。

花王株式会社的前身是 1887 年 6 月开业的"长濑商店"，该商店由长濑富郎创办，位于日本东京都日本桥马喰町，主要经营一些进口的妇女日用品。在 1890 年后，长濑商店开始贩卖洗脸用的高级肥皂，取名为"花王石碱"。而今，花王株式会社拥有员工近 33350 人。在东京日用化学品市场上，花王有较高的知名度，其产品包括美容护理用品、健康护理用品、衣物洗涤及家居清洁用品及工业用化学品等。

花王一直从事家庭日用品的制造，其中很多是经过反复做，小幅改良的老牌产品。

花王能保持 24 年的业绩连续增长（见图 13-1），是因为花王经营者不断地改良产品，让产品跟上时代。但是有时也要做出痛苦的经营抉择。在十多年前，花王经营者决定裁掉销售额达 800 亿日元的软磁盘业务。这样的战略收缩让媒体和研究者大吃一惊。

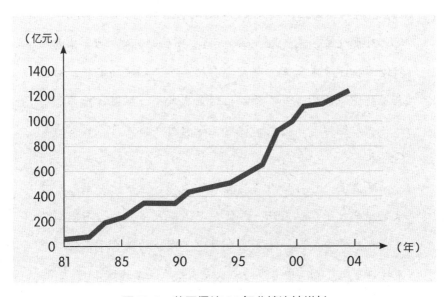

图 13-1　花王保持 24 年业绩连续增长

媒体和研究者吃惊的原因是，当时，花王的软磁盘业务，其市场占有率位居世界第一。然而，随着光碟机等新记录媒体的陆续普及，导致软磁盘业务的收益日益减少。对此，花王株式会社社长尾崎元规在接受日本放送协会记者采访时坦言："因为这项业务超出了本行的日用品范围，因此放弃了，重新把重点集中于家庭日常用品，花王的历史就是从清洁用品这些东西开始的，就公司的成长过程和目标而言，软磁盘与此格格不入，所以要重返基点，在撤退问题上取得了共识。"

为什么花王在事业撤退后业绩依然维持增长呢？这家长寿企业的优势是什么呢？

资料显示，花王的很多商品独占市场鳌头，洗濯用洗剂的市场占有率达四成以上，漂白剂占七成以上，长年盘踞首位，其背后是创业以来从未间断过的去污研究。

对于改良，尾崎元规如是说：自创业以来，花王从未间断过对去污技术研究，每天都要搜集员工制服的衣领，对洗衣粉的洗净能力反复实验。把这分成两半，观察新产品和旧产品去污能力有何不同，这对洗净能力做出评价是非常重要的样本。

事实上，作为日用品的洗衣粉市场，竞争十分激烈，技术赶超非常迅速，因此，即便是一点点技术改造，不间断的改良也非常重要。一点点、一步步不间断的改良带来的就是市场占有率。1987年上市的一款洗衣粉已经改良过20多次了。花王改良的目的是用更少量的洗衣粉将衣服洗得更干净，尽管牌子都是一样的，但是产品却在一点一点改良。

对此，花王集团社长尾崎元规在接受日本放送协会记者采访时说："周围环境与时代一起在变化，即使现在很好，环境一变，是否还能维持呢？这就很难说了，要保持信心，时刻临机应变进行变革，这对于我们的经营是非常基本和重要的。"

花王最初的商品是洗脸用的肥皂，其产品的定位是优良的品质。日本当时生产的肥皂非常粗劣，日本百姓通常用它来洗濯衣物。然而，花王生产的肥皂却可以用来洗脸，因此花王生产的肥皂大受日本消费者的欢迎。

花王创造了顾客需求，日本消费者开始用肥皂洗脸，由此花王的产品得以推广。尽管花王取得了阶段性胜利，但是花王第二代社长却鞭策因畅销而骄傲自满的员工，他说："现在的花王肥皂，究竟是否无与伦比之优良品、已成完美无缺之肥皂乎？仍然有改良的余地。即使一点点也行。要不断改良。"

从花王第二代社长开始，花王肥皂改良延续了百年。

在花王公司，历代社长都倡导持久改良的作用。历代社长强调，即使是成熟的产品，也有改良的余地；即使是新产品，必须改良的地方也会不断出现。从三十年前开始，花王率先开设了消费者服务中心，把消费者的声音运用到商品改良上去。

为了更好地改良产品，花王工作人员每天从三百余件的建议和投诉中寻找商品改良的要点。在产品开发会议中，必须有消费者服务中心的成员参加，甚至没有消费者服务中心工作人员的同意，新产品就不能上市。

花王持之以恒，不断改良，其产品已经深入人心，也获得消费者更多的信赖，这便是这家长寿企业的秘诀。

讲话 43：搞清楚客户的需要，同时满足这些客户的需求

马云不会过多地关注媒体对阿里巴巴集团的褒贬评论，但是，马云却非常看重来自客户的评论，不管多忙，马云都会仔细翻阅这些评论。

马云说："阿里巴巴集团曾两次被哈佛选为全球的 MBA 教学案例。他们会派一个人到我们公司，至少待五天。这五天对我们所有的经理、部分员工、刚刚加入的新员工和客户都做仔细的调查，然后花两个月写这个案例。每次拿到他们案例第一稿的时候，我都觉得这写的不是阿里巴巴集团。很多人对阿里巴巴集团的看法很怪，有各种各样媒体的评论，对于媒体的报道我不全看，但是很多会员对阿里巴巴集团的评论我一定看。"

马云坦言："一切产品都必须倾听客户，必须搞清楚客户到底需要什么，怎么生产才能满足这些客户的需求。"

马云认为，没有客户批评阿里巴巴集团，就没有改进阿里巴巴集团的方向，没有改进，阿里巴巴集团就不会发展。因此，在阿里巴巴集团，马云不仅把客户的投诉当成是一种财富，而且当作阿里巴巴集团的重要战略，甚至看成是阿里巴巴集团的发展方向。

为此，马云强调不投诉的客户不是好客户，不接受投诉的企业不是好企业。马云坦言："我每天一定看阿里巴巴集团的网站，每天一定看淘宝的论坛，这里有各种投诉，看到后我心里很顺。你看我们公司接到这么多投诉，肯定做得不错。但如果把这些投诉都解决的话，会

做得更好。"

马云建议创业者说："不要迷信技术，而是要将更多的精力放在顾客与市场上。在商场上最大的同盟军是你的客户，把客户服务好了，你就会成功。决定成功的是客户而不是竞争对手。"

在马云看来，一切产品都必须倾听客户的意见。这就决定了对客户的意见必须有足够的重视。阿里巴巴集团对那些没有购买商品的客户同样进行客服，因为这些潜在客户提供的建议能够帮助阿里巴巴集团发现自身服务的不足。

不可否认，有些客户提的建议有时也可能是错的，所以，完全根据客户的要求而改变产品种类和性质也不行。听取某个人或少部分人的片面之词，会给企业的生产带来麻烦。有不少企业因为一味地顺从客户要求，最后败得一塌糊涂。所以，在为客户服务的同时，企业应有自己的主见。在坚持正确方向的基础上，尽量满足客户的需求。①

针对这种情况，马云向阿里人传达的最高指示是："有时候我们公司奉行'客户永远是对的'这一原则，但是，有时候客户是错的，他们不知道你们在干什么。你们是企业家，要明白自己在干什么。阿里巴巴集团是一个商务服务公司，帮助大家在网上达成合作。所以，我对电子商务的交易就是这么一句话概括，'它是一个工具，不是炸弹。使用这个工具，它能帮你把你的产品推广到全国，乃至全世界；它能帮你在网站上收集其他人的信息；它能帮你加强内部的管理和调节。'"

在沃尔玛购物商场，顾客们总会被墙上显眼的顾客服务原则所吸

---

① 周星潼．芝麻开门：成就阿里巴巴网络帝国的 13 个管理法则 [M]．武汉：华中师范大学出版社，2012.

引。沃尔玛顾客服务原则："第一条，顾客永远是对的。第二条，如果对此有疑义，请参照第一条执行。"

其实，顾客至上，这是从古至今经商的根本。不论什么时代，不论什么领域，如果不尊重顾客，经营就不可能持续。长寿企业更是将此奉为信条。在上百年的经营过程中，这个思想已深入骨髓，甚至已成为无意识的习惯。他们每时每刻都在反反复复努力实践着这一真理。[①]

在日本长寿企业中，用户是"上帝"，企业不仅把用户视为"衣食父母"，而且把用户当作企业存在的根基。因而各企业都把为用户服务、为社会做贡献列入社会方针和社训之中。这种用户第一的策略，在营销过程中也折射到企业内部营销，确立了"下道工序是客户"的观念。

同时，日本企业在顾客至上的策略中，实行"总体质技管理方法"，也就是企业质量管理不局限于生产过程，而是涉及产品的设计、试制、生产、销售、消费等各个方面。如松下电器一再告诫员工"达到最好质量，公司才不会破产"，"百分之一的次品对于买者就是百分之百的次品"。

"虎屋"是日本最古老的糖果之一，创立于16世纪。根据资料显示，虎屋的创业时间始于奈良时代（710~784）。从虎屋创业到现在，已经拥有四百多年的历史了。

不过，虎屋的骄傲不止于拥有悠久的历史，还源于日本皇宫曾经是自己的客户。据资料显示，从虎屋创办时起，虎屋

---

① 【日】船桥晴雄．日本长寿企业的经营秘籍[M]．北京：清华大学出版社，2011.

就已经承揽了宫中御用的差事。在后来的发展中，虎屋迁到位于京都皇宫附近的广桥殿町上，即现在的虎屋一条店。

在虎屋这个长寿企业中，有一条存在了四百多年的店规。这个店规最初是中兴之祖黑川圆仲在日本天正年间（1573~1592）制定的。在日本文化二年，即公元 1805 年，虎屋第九代掌门人黑川光利以原本店规作为基础，修改制订了现有的虎屋店规。

表 13-1　虎屋的店规内容

序号	店规内容
（1）	清晨六时起床，打开店门，洒扫庭除。居家节俭为第一，关于此项若有提议，各人可书面陈述己见。
（2）	御用糕点，切忌不净，各人务必铭记在心。 以上一条于人于己皆有益处。勤洗手，常漱口。无论何时，有无旁人，皆当例行清洁。 严禁女人参与御用糕点之制作，不得疏忽。 平素亦当保持各人身体之清白。
（3）	宫中自然不必多说，切莫利用送货之便与顾客闲聊，只需恭恭敬敬，事后尽快返店。途中不可办理私事。
（4）	不必说宫中御用，接待任何顾客切不可有不予理睬等无礼之事，须处处用心。亦不可有议论顾客的风言风语。

从虎屋的店规可以看出，糕点店通过质量和价格赢得顾客。为了让每位顾客愉快地购买商品，要注意不要对顾客评头论足。这是处世的原则，也是贯彻执行顾客至上原则理所当然的措施。[①]

对此，虎屋黑川光博社长强调，顾客至上才是虎屋的根本。有了

---

①【日】船桥晴雄 . 日本长寿企业的经营秘籍 [M]. 北京：清华大学出版社，2011.

顾客，才会有糕点店，才会有虎屋。当然，这也是虎屋能够发展至今的原因之一。

讲话 44：眼睛看着你的是客户，最大支持你的是客户，把眼睛放在客户身上的时候你一定会赢

在创业的路途中，很多创业者总是潜意识地把重点放在"竞争者"身上。殊不知，这样做就是本末倒置。

反观阿里巴巴集团，阿里巴巴集团几乎不关注竞争者，而是把精力重点放在关注客户需求上。正是这样的战略，使得阿里巴巴集团得到了高速的发展。

马云在很多公开场合谈到这个问题，马云告诫创业者说："我认为，永远不要把眼睛放在竞争者身上，要放在你的客户身上。商场如战场，但是商场不是战场，战场上只有你死我活，而商场上不一定你死了，我就活了。眼睛看着你的是客户，最大支持你的是客户，把眼睛放在客户身上的时候你一定会赢。"

马云直言不讳地说："中国企业最忌讳谈竞争，而我的竞争原则是不要把时间花在竞争对手身上，而是要花在客户身上。最后，你的客户越多，更多客户支持你的时候，你就胜利了。"

　　事实证明，要想成功创业，创业者就必须把重点放在客户身上，要尽可能地把眼睛盯在客户身上，这对满足客户需求尤为重要。

　　美国著名营销专家乔·杰拉德研究发现，作为创业者，你所遇到的每一个人都有可能为你带来至少 200 个潜在顾客。

　　乔·杰拉德认为，每一个客户背后的潜在顾客主要是与客户关系比较亲近的人，其中包括同事、邻居、亲戚、朋友等。

　　创业者如果在一周内与 50 个客户谈判，其中有两个客户对该创业者提供的产品或者服务不满意，过不了多久，由于连锁影响就可能有 500 个客户不愿意和该创业者合作，因为他们就知道一件事情：不要跟该创业者做生意。

　　由此，乔·杰拉德得出结论：在任何情况下，都不要得罪哪怕是一个客户。据国外服务营销研究结果显示：客户一旦对创业者提供的服务或者产品不满意，只有 4% 的客户会对初创企业抱怨，而另外 96% 的客户都会保持沉默，并且有 91% 的客户今后将不再购买创业企业的服务或者产品。

　　当然，创业者要想满足客户的需求，就应该具备敏锐的观察能力，在询问客户的需求时，除了尽量满足外，还要关注他们体现出的一些细节，尽可能地站在客户需求的角度去考虑。

　　有些客户转身离开，创业者就必须留意客户是否不满。一旦发现客户有不满情绪，创业者就应积极了解客户对服务和产品不满的原因，请客户回答一些调查问卷，以便改进产品或者服务，或用些额外的时间来争取客户的注意力。这样才能真正地满足客户的个性化需求，从而有效地为客户提供适合他们的解决方案。

　　事实证明，在创业过程中，要想让初创企业赢得并拥有自己细分目标客户群，创业者就必须关注初创企业目标客户群，通过产品体验、市场调研等诸多手段了解目标客户群的消费特征和个性化需求。如果创业者不关注客户的需求与具体环境，不站在客户的立场上提供相应服务和产品而进行强卖强买，那么初创企业就一定会遭遇失败。

马云及其团队定位的目标客户群就是中小企业，针对这个目标客户群，有效地为中小企业提供各种服务。

马云深知，阿里巴巴集团给中小企业提供的各种服务还远远不够，他时刻提醒阿里巴巴集团团队及时地了解中小企业的个性化需求，及时地按照中小企业的建议改善产品质量及功能，使产品能够真正体现中小企业这些客户的个性化需求。

为了确保"支付宝"能够成为完全为中小企业这些客户服务的工具，马云聘请了原来负责销售和服务的人担任"支付宝"的总裁，理由就是，这个人虽然一点也不懂银行体系，但是他能够明白客户的需求。

讲话 45：做生意最重要的是你明白客户需要什么，实实在在创造价值，并且坚持下去

不可否认，要想赢得客户的认可，就必须明白客户的需要。然而，随着互联网的发展，客户了解的产品和服务信息越来越多。这就使得如

今的客户变得更加挑剔。

　　然而，马云却把这样的挑剔变成商业机会。正如马云所言："做生意最重要的是你明白客户需要什么，实实在在创造价值，并且坚持下去。"

　　面对客户的不满，作为创业者必须倾听来自客户的意见，要让客户觉得自己的建议得到了创业企业的重视。马云强调，阿里巴巴集团致力于为客户提供最优秀的服务，与客户建立情感上的联系，使客户爱上阿里巴巴集团，信赖阿里巴巴集团。

　　有时客户会拒绝承认自身需求，创业者需要做的则是打消客户背后隐藏的重重顾虑。客户是创业企业最大的支持者，当创业企业真心关注客户的需求，让客户感到舒心时，客源自然不成问题。

　　在一个创业论坛上，一个创业者问马云："中国的茶饮料连锁店可以做到比星巴克强大么？您觉得做饮料连锁店，管理、运作模式重要，还是产品质量重要？我们如果要和星巴克抗衡，做一家像它这样强大的巨人，我们需要做什么？中国的茶文化源远流长，茶饮料千变万化，为什么目前没有谁可以和星巴克一决高下呢？"[①]

　　马云对此的回答是："首先，中国的茶饮料连锁店肯定可以做到星巴克那么好。但怎么做到呢？正如你的疑问，管理模式、产品和运营模式，我觉得都重要。产品质量不好，其他东西都不存在了。产品很好，管理很烂，同样不可能起来。一家公司厉害，绝不可能靠一样东西好，尤其要做到一家强大的公司，那毫无疑问必须是每一样都非常好。有些地方你可以更有特色一点，但必需的要素缺一不可。"

---

① 张绪旺 . 马云：做生意眼睛要盯着客户 [N]. 北京商报，2010-09-29.

马云解释说："重点要说的是，你首先不应该去想，怎么做星巴克那样强大的巨人，而是多去想想：我的茶是否能为客户带来独特的价值？眼睛不要盯着对手，要想到的是客户。脑子里想的不是榜样多么强大，而是榜样哪些方面做得是多么细致。星巴克卖的不是咖啡，它卖的是文化，是团队精神。"

马云告诫创业者说："星巴克在为用户服务，你也在为用户服务，决什么高低呢？你做得好了，自然而然会成为一流的企业，所以想跟谁一决高下的人，都不太容易成功。你要想到的是，我如何学习星巴克把客户排在第一的想法，如何让客户感到他被放到第一位。我觉得我们做任何事情，不要带着莫名其妙的跟谁比、超越谁的想法。而是说，我比昨天更懂得了客户，我比昨天更了解了用户的心理，我比昨天更懂得服务好客户。这些东西是做企业的关键，别动不动就超越谁，打败谁，和谁一决高下。你以为这是打仗和玩游戏吗？做企业的目的不是眼睛盯着对手如何强大，如何做生意，而是眼睛盯着客户。每天要对客户多了解一点，每天要对客户服务得好一点，每天把自己放在客户的角度上面去做，这个才是最高的真谛。"

讲话 46：产品或服务必须有让用户尖叫的冲动

2014 年 5 月 9 日，马云参加阿里巴巴集团的集体婚礼，在为 102

对新人证婚时，马云鼓励公司员工："产品要让用户尖叫。"

马云说道："各位小伙子，阿里巴巴集团第一个产品，也是最重要的产品是人。作为我们的产品，你们要服务得好，要用心去服务所有的新娘，同时也要记住现在最流行的一句话'产品要让用户尖叫'。"

在马云看来，让用户尖叫的产品才是好产品，因此，作为一个创业者，要想创业成功，就必须踏踏实实地做好产品，做出让用户尖叫的产品，因为这样的产品才能赢得顾客的认可和购买。

对于任何一个创业者而言，要想生存和发展下去，首要的任务是找到自己的客户并将产品销售出去，同时自己的产品或服务必须有让用户尖叫的冲动。

2010 年 9 月 11 日，在第七届网商大会上，马云最后致闭幕词说："没有客户的信任不可能有阿里巴巴集团，不可能有淘宝网，我 45 岁不到就知天命，这不是我悲观是我乐观，我知道我的未来，我能干多少年，我能活多少年，我想做一些什么事，这些想清楚以后我越来越积极，我希望感谢这个社会，感谢所有的客户，感谢所有的员工，感谢所有人的支持。"

演讲中，马云还饶有兴趣地回忆当初淘宝网创业的情形，淘宝网创始 7 人组在杭州湖畔公园创业，因为开始网站没人气，7 个人就凑了 17 件二手物品挂网上拍卖，没人拍卖就 7 个人自己造人气，后来发展到拍下初期淘宝网客户挂出来的物品，高峰的时候这些主动拍下来的物品堆满了一整间办公室，这样逐渐积累淘宝网初期的人气。[①]

[①] 李松伟 . 马云谈淘宝：创业初没客户 曾自凑商品造人气 [EB/OL].2017.http://tech.qq.com/a/20100911/000190.htm.

不过，今日的淘宝网已经成为亚太地区较大的网络零售商圈，其业务跨越 C2C、B2C（商家对个人）两大部分。截至 2010 年 12 月 31 日，淘宝网注册会员超 3.7 亿人；2011 年交易额为 6100.8 亿元，占中国网购市场 80% 的份额，比 2010 年增长 66%。2012 年 11 月 11 日，淘宝单日交易额 191 亿元。截至 2013 年 3 月 31 日，淘宝网和天猫平台的交易额合计突破人民币 10000 亿元。

马云带领其团队取得如此佳绩，与淘宝网这个产品本身有关。因为只有产品或服务有让用户尖叫的冲动，客户才可能认可和接受。

讲话 47：客户第一、员工第二、股东第三

马云在多个场合表示，阿里巴巴集团感谢所有客户，并提倡全体员工尽全力帮助客户。马云说："客户第一、员工第二、股东第三。"在马云看来，客户是阿里巴巴集团的利润源泉，也是生存和发展的一个重要支撑点。

马云时时刻刻都在强调客户对于阿里巴巴集团的重要，甚至还称"客户是阿里巴巴集团的拯救者"。足以看出马云对客户的重视。不管是在互联网经济泡沫破灭的时刻，还是在金融危机中，马云都依然坚持"客户第一"的原则。

在阿里巴巴集团上市前夕，马云在美国纽约接受媒体采访时介绍了阿里巴巴集团"客户第一、员工第二、股东第三"的战略思想。

主持人陈伟鸿为此采访马云："让很多人觉得蛮震撼的一个时刻，因为阿里作为体量这么大的上市公司，到美国去，肯定再一次引爆经济圈的很多热点话题，那个时候我看到的不是你，敲钟的不是你，这个出国之前就决定好的吗？"

马云回答道：

> "对，其实我们这次上市有一个很重要的仪式，关于这个仪式，我们自己的合伙人，阿里巴巴集团的高管有过一次小小的讨论，到底谁上去最合适。其实我们讨论以后，有一个同事提出来，我觉得我们当时大家也在问我们自己一个问题，我们这么努力、我们这么幸运地走了十五年，我们到底希望什么？我们到底希望谁成功？所以我们完全明白一个道理，只有我们的客户成功了，我们才能成功，这么努力的目的是让那批小的卖家、小的商家、消费者、那些快递人员成功，只有他们成功了，我们才有成功的意义，他们成功我们才可能成功。
>
> "我那一刻讲那个观点的时候，阿里所有的人鼓掌，就这么弄，就这么干。我记得纽交所的董事长把八个人带到门口，站在我后面，上去的最后一秒钟说请你上去，你确定不上去？我说我不上去了。"

在企业界，特别是在引入 VC 时，如果创业者把股东放在第三位，谁愿意投资你的公司呢？尽管颇有争议，但是马云却在公开场合分享了这样的创业经验。

研究发现，马云提出"客户第一、员工第二、股东第三"的创业经验也不是首次，在很多跨国公司中也有类似的说法，如美国西南航空对外宣称是"员工第一、客户第二、股东第三"。

在邻国日本，被誉为经营之圣的稻盛和夫也有过类似的排序，具体是："把为了追求员工及其家庭的幸福，作为公司第一目标。位列第二的目标是为了协作商的员工及其家庭的幸福，第三目标是为了客户，第四目标是为了社区，第五目标才是为了股东。"

正是这样的排序，稻盛和夫成功地做出两家世界 500 强企业。美国投资大师沃伦·巴菲特也有过类似的排序，在《沃伦·巴菲特记事本里的 37 条管理定律》一书第四章中谈道："没有满意的员工，就没有满意的顾客。"

从企业本质上来说，企业成立的目的也是满足客户需求，客户是第一；一般来说股东无法为客户直接服务，而通过员工为客户提供服务，所以员工是第二；员工给客户提供了满意的服务，客户给予企业回报，股东才能获得利润，所以股东是第三。

在"以商会友"论坛上，面对前景的诸多不确定性，也有不少企业家担心阿里巴巴集团会被投资者控制，甚至有企业家忧心地说，如果阿里巴巴集团再不赢利，马云也会像其他网站的 CEO 一样被开除。

马云却很自信地回答说："这样的情况不会发生，阿里巴巴集团创下的业绩得到董事会的赞同和支持，而为这些业绩做出最大贡献的人除了阿里巴巴集团的员工，还有客户。"

讲话 48："营销"这两个字强调既要追求结果，也要注重过程，既要"销"，更要"营"

　　在 20 世纪 90 年代，很多创业者依靠某个点子取得了成功，往往出现"一招鲜，吃遍天"的情况。一旦创业者坚持这样的做法，无疑只是缘木求鱼。

　　对于这样的问题，学者何学林举例说："2002 年，一本不到 100 页的小册子《谁动了我的奶酪》流传甚广，人们甚至已经习惯将'奶酪'当作各种变化的代名词，'谁动了我的奶酪'成了一个时代的流行语。但这本书不是自动畅销的，一开始出版方做了大量细小的努力，都没有使本书畅销。中央电视台的《对话》栏目起到了举足轻重的作用。那时正值《中国企业家》200 期纪念，杂志社想与中央电视台合作，约请该杂志报道过的知名企业家，一起来讨论一下入世后如何面对变化。而事有巧合，《对话》的制片人曾经买过一本原版的《谁动了我的奶酪》，就觉得这本书是一个很好的切入点。于是，在《谁动了我的奶酪》上市 2 个月的时候，《对话》为其烧了很旺的一把火，不仅使得该书在观众中的知名度大增，而且由于众多知名企业老总的间接推荐，有效地促进了企业用户的集团购买。"[1]

　　在后来的销售中，《谁动了我的奶酪》再也没有重现当初的辉煌。

---

[1] 何学林. 中国企业战略批判 [M]. 广州：广东经济出版社，2005.

在《赢在中国》第二赛季商业实战篇第五场开始之前，创业选手们被分为两个组：红队成员：2号牟文建、3号李书文、5号夏霓；蓝队成员：4号张华、8号冯志刚、7号窦大海。最后给他们一个商战任务，具体任务是："销售汇源公司的儿童饮料高端品牌——百利哇。"这次比赛是一次完整的营销过程，选手们除了要分析目标消费者、选择产品、制订价格，还要根据竞争者来及时调整策略，并且要控制库存。评委要考察整个活动的组织和团队合作情况，每队销售的现金收入减去库存为本队销售收入。最终评委会根据过程和结果进行综合评判，来决定输赢。每队有活动经费500元。

任务完成后，马云点评说："我觉得有几个原因把红队留下。你们不断解释营销，何谓营？何谓销？你们第一天就确定了战略思想，'销'远远大于'营'，以结果作导向。你们都知道，汇源不会靠你销售250箱饮料来挣多少钱，汇源朱总是希望通过这个活动能够产生一定的影响力。但在整个活动过程中，我看见你们忙运货、搬货、再运货，而在蓝队那边我看到的是蜘蛛侠飞来飞去，他们在'营'的过程中不断沟通，事后客户对汇源产品的理解度远远超过了你们。所以我想，'营销'这两个字强调既要追求结果，也要注重过程，既要'销'，更要'营'。商业一定是门艺术，你既可以这样做，也可以那样做，但不能走极端。比如说，你需要听话的员工，也需要能干的员工，很听话但不能干的员工不能用，但能干不听话的员工也没有用。员工最好是又听话又能干，所以我们的营销既要有影响力，又要有结果。"

第 14 章

做生意要"用情专一"

一个公司在两种情况下最容易犯错误，第一是有太多钱的时候，第二是面对太多的机会，一个 CEO 看到的不应该是机会，因为机会无处不在，一个 CEO 更应该看到灾难，并把灾难扼杀在摇篮里。

——阿里巴巴集团创始人 马云

讲话 49：做企业一定要专注，要坚持

在"2010 四川中小企业融资峰会"上，曾经有一个创业者遇到经营困难，期望马云给指点一二。

该创业者介绍说，他自己曾经经营过一家酒店，不过只持续了不到一年就倒闭了。其后发现房地产开发很热，购买房子的人很多，于是就经营整体橱柜和卫浴。经营了五年，结果不但没挣到钱，反而亏损了，前一段时间也倒闭了。由于创业启动资金的原因，也不敢再盲目投资了。后来，他发现山寨手机的利润还可观。

该创业者问马云：是否可以开个手机店？还有就是某地板的市级代理，因为该地板很有卖点，感觉项目还可以。

当听完该创业者的创业经历后，马云告诫该创业者说：

"心太花，不知道自己要什么，永远追在市场之后，追在今天最赚钱的行业之后，看到这个行业有钱赚，跳进去了，而不是说看到这个行业，你觉得可以做得更好，你有独特的方法，相信自己能为这个行业创造出独特的价值，为这个行业的客户创造出独特的价值，如果这样想，就可以坚持走下去。你

这样做就像猴子掰玉米。先跟你说一个坏消息：你这样的做法肯定要失败；再说一个好消息：绝大部分的失败企业都是因为不够专注。没有信仰，没有坚信市场，看到别人赚钱就进去，很多人也都看到也都跳进去了，这个市场就变小了。如果你没有想清楚为客户创造什么独特价值，为了什么而坚信，可以坚持多久，没有找到自己真正爱的事业，还是会失败的。

"做企业一定要专注，要坚持，要有激情，要相信自己可以为客户创造独特的价值，相信自己可以做不一样的事情。不要怪某个行业不好，天下没有不好的行业，再不好的时代再不好的行业也有好企业，再好的时代再好的行业也有烂企业。所以别怪行业，怪自己，要做正确的事情，正确地做事。"

在马云看来，中国很多创业者能够创业成功，主要还是因为专注。比如，被企业界屡屡赞誉的华为，其专注是一股强大的力量推动着华为的发展。

《华为基本法》第一条规定："为了使华为成为世界一流的设备供应商，我们将永不进入信息服务业。通过无依赖的市场压力传递，使内部机制永远处于激活状态。"

在华为，固守通信设备供应这个战略产业，除了是维持公司运营高压强的需要，还为结成更多战略同盟打下了基础。商业竞争有时很奇怪，为了排除潜在的竞争者，花多大血本都不在乎。在通信运营这个垄断性行业，你可以在一个区域获得一小部分的收益，可是在更多区域运营商们会关闭你切入的通道。任正非深知人性的弱点，守护着华为长远的战略利益。[1]

反观很多企业的失败就很容易发现，许多公司垮下去，不是因为机会少，而是因为机会太多、选择太多。在很多时候太多伪装成机会的陷阱，使许多公司步入误区而不能自拔。最近几年，房地产较为火爆。很多企业，特别是中小企业都染指房地产，急切地想在房地产市场上分一杯羹。然而，马云却无动于衷。在一些场合下，有些创业者非常好奇地问马云为什么不做房地产，做房地产既能扩大经营范围，又能增加赢利。

面对这样的问题，马云回答说："阿里巴巴集团的资金储备可能在中国网站中是最多的，我们还有10亿元以上的现金储备。很多人讲，阿里巴巴集团现在有那么多钱，为什么不做房地产？绝对不能这么想。在座的每一个人都要问自己一个问题，一个企业创办的时候，它的出发点是什么。第一天阿里巴巴集团说，我们专注做中国的电子商务，我们要把中国的电子商务做成全世界一流的，那么我们的钱就是为电子商务服务的。"

在阿里巴巴集团的发展历程中，尽管有很多好的商业机会，但阿里巴巴集团都没有强势出击，只是踏踏实实地发展自己的产业，坚持把阿里巴巴集团做成最伟大的公司之一。

马云说："现在还是少变化为好，有时候需要变化，有时候不需要变化，前几年是必须要变化，这两年应该是以守为好，守是练内功，可能是最好的选择。"

---

[1] 王育琨. 发现一流企业的本真 [M]. 北京：商务印书馆，2008.

讲话50：绝大部分的失败企业都是因为不够专注

在公开场合，马云点评年轻创业者，很多创业者能力较强，想得太多，想做的也太多，这就是很多 VC 不愿意投资他们企业的主要原因。对于那些刚起步的创业企业，马云告诫说："人的一辈子很多经历都是为一两件事在努力，如果你能够专注好这个，应该会做得不错。当你的力量还很渺小的时候，你必须非常专注，靠你的大脑生存，而不是你的力气。"

在马云看来，在资金、人才等实力较弱时，必须专注，踏踏实实地做好小公司。从创建阿里巴巴集团开始，马云就一直专注于为中国所有的中小企业进行网上电子商务服务，其间从未动摇过，即便在网络泡沫破灭的 2000 年前后，马云仍然没有动摇，这份做事的执着与专注，是大多数人欠缺的。[①]

马云在很多场合都谈到小公司是未来的主流。《时尚先生》杂志曾采访马云："您一直在歌颂小公司，但阿里是个大公司，这，感觉会矛盾吗？"

针对此问题，马云坦言："歌颂小公司，因为这是我的理想。今天阿里是个相对而言比较大的公司，这是我们的现实。我的理想是相信小公司。事实上，我们自己对自己的拆解比谁都快。淘宝我把它拆成了

---

① 赵文锴 . 马云创业真经 [M]. 北京：中国经济出版社，2011.

4 家公司。很快，又有几家公司要拆。我们已经拆出 10 家公司了。而且，我们也不算是集团式的管理，我们现在的管理更像一个组织。我们更像是一个生态系统。这个生态上面养出各种各样的小鸟小兔小猫小狗。我们希望这个社会环境出现这种状况。大和小，怎么说呢，我们歌颂公园里各种动物，但是这个公园如果很小是不行的。我们今天是个生态系统，不是一家大公司。阿里在建设的是一个生态系统，是一个真正 eco-system（生态系统）。

"今天早上如果你参加，我们的会议就是对这个组织的思考。我说接下来我们可能有 20 家公司、30 家公司，我们这些不叫公司，是 30 个产业群，没有谁跟谁 report（报告）。但是有了这个群以后，边上会有无数个小公司长出来。因为有这棵树，长了很多松果。有了很多松果会来很多松鼠。形成了这样一个体系。如果你把自己定义为纯粹获取利益的机构，you died（你死定了）。所以，我并不觉得是矛盾的。我一直这么讲，也一直这么坚信，假设我今天重新开始创业，我再也不肯干这么大的公司了。我今天早上醒过来之后，我 5 点多就醒了，我是真正在想这些事情：要不要再继续干下去？干下去，马上越来越大。这已经不是我们的能力所能控制的。假设今天重新再干过，我愿意怎么干？我愿意在淘宝上干一个小公司，有滋有味，雇个十几个人，踏踏实实。这是我觉得我人生最大的快乐和理想。

"但是今天没有办法，现实已经是这个样子。我能把它切成一堆碎片？问题是，美国电话电报公司（AT&T）那时候美国还可以把它拆了。请问，中国政府和世界哪个机构能把淘宝拆成碎片？第一是没法拆，第二是拆了之后一千万家企业都没了。你怎么拆呢？这是个现实。"

在马云看来，很多创业者失败的原因就是不够专注，这是因为他们自己没有想清楚"做什么"这个最初始的命题。今天在这儿打一个井，明天在那儿打一个井，最后哪儿也没挖出水，地面上只是留下了许多坑而已。①

研究发现，一些企业在取得阶段性成功之后，往往会大刀阔斧地扩张，因为越来越多的机会诱惑着内心浮躁的创业者。

此刻，不少创业者往往难以抵挡眼前数不清的机会诱惑，于是就会开始酝酿着涉足其他关联甚至非关联产业，从而高歌猛进地实施企业多元化战略。

殊不知，这样的多元化就像流星一样，尽管非常绚丽，但是会在短暂的瞬间逝去。创业者本不具备涉足其他关联甚至非关联产业的条件，不仅初创企业本身的条件有限，而且缺乏雄厚的资金、人才等诸多资源。在这样的条件下，涉足其他关联甚至非关联产业，从而进行多元化发展，诸多弊端就开始显现出来。

事实证明，有些初创企业由于过早地涉足其他关联甚至非关联产业而进行多元化扩张，分散了企业对主打领域产品的投入，不仅减弱其研发和推广的力度，使主要业务或者利润竞争力下滑，而且影响企业整体的竞争力。

反观阿里巴巴集团，始终坚持专注战略，仅仅在电子商务领域开展相关业务，无论其他机会多少，均能抵制诱惑，这是阿里巴巴集团成为行业领袖的一个重要因素。为此，马云告诫创业者，制定企业战略时最忌讳的就是面面俱到，作为创业者一定要记住重点突破，所有的资源必

---

① 赵文锴 . 马云创业真经 [M]. 北京：中国经济出版社，2011.

须集中在一点，这样才有可能战胜竞争对手，赢得最后的胜利。

马云说："阿里巴巴集团未来仍然会把主要精力放在电子商务上。这四五年来几乎在所有的论坛上，我都坚决反对多元化经营，我不相信中国哪一家企业可以把多元化经营做得好。99.9%的企业做不了多元化经营，多元化投资可能会好一点。"

事实证明，创业企业取得一点业绩就开始涉足其他关联甚至非关联产业，是不切合实际的。

对于这个问题，马云是这样告诫创业者的："让每一个人都来用我的产品和服务，那是不可能的。定位一定要准确，你才能做好。所以，我给所有的创业者的一个建议，少做就是多做，不要贪多，把它做精、做透很重要。"

阿里巴巴集团能取得如此成就，主要还是马云坚持"制定战略目标永远不能超过三个"的原则。

为此，马云将阿里巴巴集团作为一个成功案例，其目的是告诫创业者这样一个道理：对于一家企业而言，无论是在初创时期还是在小有成就之后，面对诱惑不能贪心，要静心做事，坚持某一领域的深度发展，避免盲目扩张。[①]

---

① 周星潼．芝麻开门：成就阿里巴巴网络帝国的 13 个管理法则 [M]．武汉：华中师范大学出版社，2012．

讲话 51：阿里巴巴集团下一步的战略方向是电子商务，永远是电子商务

就像俗语"贪多嚼不烂"说的那样，初创企业刚刚做到一定规模就进行跨行业多元化经营肯定是行不通的。

也就是说，作为初创企业创业者，必须将初创企业做强，然后才能做大，不可以见到赢利报表就急着向其他行业扩张。眼见房地产赚钱，就去染指房地产；眼见餐饮业前景可观，就去建立餐饮中心；眼见苹果手机供不应求，就去办厂生产手机……

殊不知，贪多是创业者的大忌，这会导致一个初创企业虽然涉足每个领域，然而却没有一个领域做成行业第一，往往是战线过长，导致经营不善，最终不得不退回原地。

反观阿里巴巴集团，马云没有涉足更多的领域，始终围绕着最原始的那个出发点——为中小企业服务，只是专注地做好一件事。

即使阿里巴巴集团成为众多公司的参考和范本而受到万众瞩目，但此刻的马云仍然坚持"为中小企业服务"这个战略，把阿里巴巴集团定位为"具有很强的社会影响力的一家高速发展的小公司"。

在一次经济论坛上，马云告诫创业者说，做生意要"用情专一"。马云专注的经营理念并非一时兴起，而是经过深思熟虑的。马云坦言，尽管不知道今后阿里巴巴集团会是什么样子，但是在未来的三年到五年，他仍然会围绕电子商务发展阿里巴巴集团，绝对不能离开这个中心。在十年的商业历程中，马云十分清楚，自己永远不能追求时尚，不

能因为什么生意赚钱就跟着去凑热闹，这非常不利于企业健康发展。

2005 年 8 月，阿里巴巴集团成功地并购了雅虎中国，人们质疑马云并购雅虎中国，是要进军网络搜索。其后，马云风趣地回答："阿里巴巴集团下一步的战略方向是电子商务，永远是电子商务、电子商务、电子商务……"

对于阿里巴巴集团是否会做门户网站或即时通信，马云说："至少我们现在是在做电子商务，电子商务需要的一切事情我们都做。"

马云一直孜孜不倦地坚持"专心做一件事"。马云认为，一个公司在两种情况下最容易犯错误：第一是有太多钱的时候，第二是面对太多机会的时候。一个企业管理者看到的不应该只是机会，因为只要有眼光机会总是会有的，企业管理者更应该看到危机和灾难，并把这些危险因素扼杀在萌芽状态。在接受《时尚先生》专访时，马云坦言，做任何事情，都只会围绕阿里巴巴集团这一件事情。马云说：

"我做任何事情，都只会围绕一件事情：阿里巴巴集团。因为今天阿里巴巴集团已经不是我的了。阿里巴巴集团第一天不是我的，今天不是我的，未来也不是我的。它是无数的人的，上千万的人吃饭在这儿。闯祸要闯大祸。

"投资华谊，第一天，我是半点兴趣都没有。真实的故事是王中军找了我两次，我半点兴趣都没有。后来有一天开会坐到我边上，他说，马云，来看看我们的华谊公司。我莫名其妙问了他一句话：你到底想赚钱，还是想做大产业，做中国的时代华纳？我说，如果做时代华纳中国是有机会的。未来中国几个大产业，有一个产业是会增长十倍的，那就是文化产业。如果你想挣钱，我一点兴趣都没有。以前没有，今天也没有。钱越多，责任越大。有那么多钱，你突然发现你要干的事情也多了。因为找你的人都大了。以前你没钱，没人找你。你有钱以后找你的人都很大，要不就有权，你吃不消。

"他说，我想做时代华纳。我说好，如果你想做时代华纳，我们谈谈。我们就开始谈。我说，第一，按照我的游戏规则走，企业不能这样管，要有战略要有管理。因为我看了一下中国几乎所有的传媒娱乐公司，都是当生意在做。那时候他又是卖宝马，又是做广告。必须调整，必须重新梳理。我问，中军你同不同意？中军说同意。

"我一旦进去以后，我发现，他们的创新和创意是我们这些公司要学习的。要从娱乐公司里学习创新和创意，这是我们这些年没去想的，创新一定在业外。我看他们公司倒不大，开个 party（派对）的样子，好像几百亿的公司才吃得消的样子。我就问，你们怎么搞出来的？一个故事，冯小刚吹吹牛，然后就编了个电影，而这个电影那么有意思，那么有乐趣，我突然觉得，我在帮他们的时候，他们也在帮我，帮我对很多问题的想象。

"这就是投资华谊的过程，我个人乐此不疲。在前面三年，我给华谊很多帮助。我一个月至少花几天，跟王中军天天谈，改变他的思想，重塑他的商业模式。后来，再帮他带进一批投资者，虞锋等人。我再说服冯小刚要有信心。我说中国一定会有一部电影的票房过一亿美金。这里面他们也给了我很多，比如对创新的认识。然后我在公司内部把'总监要做的是导演'的思想，再灌输进去。这是从华谊学到的。

"投云锋基金，同样的道理。虞锋找了我很多次。我说你想明白，你想干吗？赚钱，我没有兴趣，我真是一点兴趣都没有。有一天他找我，在香港的一座山顶上，走了两圈，一个小时一圈。我们谈，你想干什么，赚钱我真没兴趣。但是我告诉你，中国未来还有一个市场会有巨大增长，是资本市场，社会资本主义，或者资本社会主义。资本为社会服务，而不是社会为资本服务。今天很多纯粹是社会为资本服务，我们要用资本为社会服务，如果你好这口的话，我们可以谈谈。还有一个很重要的原因是，阿里需要优秀的伙伴。我们的职责是围绕小企业发展。中国需要一批新一代的小企业，但这些小企业是需要大量的资金的。它们需要的 VC，应该带着的不是 VC 的思想，而是要给它们带着企业家精神的钱。

"我就提出，要干的话，兄弟们一起干，大家不是为了挣多少钱，云锋第一是帮我们管理钱，但最重要的是找出下一帮人。我看好文化产业，我经常讲，文化的发展才让中国不是成为暴发户。现在的情况是，有人钱很多，文化没有；然后很多文化人呢，自我感觉特别好，钱又没有。第二是科技互联网，第三是消费行业，内需市场。最重要的是找到哪些年轻人我们可以支持，哪些新行业我们可以支持。大家达成这个共识。然后我做，我跟虞锋牵头，但你干活。"

在马云看来，有所不为才能有所为，"专注"可以让创业者将所有的资源都凝聚在一个点上。在 2005 年雅虎（中国）的员工会上，马云就表示在阿里巴巴集团接手雅虎（中国）以后，阿里巴巴集团将会专注于电子商务方向，与电子商务无关的阿里巴巴集团将不会去碰。在马云看来，人一辈子遇到的挑战会很多，遇到的机会也很多，所以一定要有专注的东西，东西多了就会乱。①

---

① 赵文锴. 马云创业真经 [M]. 北京：中国经济出版社，2011.

第 15 章

创业者只有未来，没有昨天

创业者既然选择了创业，就必须一直坚持下去。暂时的失败不代表永远的失利；一时的成功也不表示将来的成功。只有树立远大理想，并在理想的道路上坚持下去，才能获得最大的成功。

——阿里巴巴集团创始人 马云

讲话 52：创业者必须一直坚持，不放弃就有机会

在互联网、首富等诸多词汇的映衬下，创业再次成为媒体的聚焦点。很多人都想创业，却似乎又有一个不创业的理由——"我没有钱，我要是有钱的话，怎么怎么样……"

在这些创业者看来，只要有足够的创业资金，就一定能创业成功。然而，在马云看来，创业资金不多，同样可以创业成功，关键在于一直坚持，不放弃就有机会。

马云说："创业者既然选择了创业，就必须一直坚持下去。暂时的失败不代表永远的失利；一时的成功也不表示将来的成功。只有树立远大理想，并在理想的道路上坚持下去，才能获得最大的成功。"

马云坦言，阿里巴巴集团之所以取得成功，一个重要的原因正是自己"永不放弃"。在马云看来，"有时候死扛下去就会有机会"。华为总裁任正非也说："什么叫成功？九死一生还能好好地活着，这才是真正的成功！"

马云的创业人生，其实就是"永不放弃"的最好体现。1995 年，马云辞去大学教师的职务，下海创办中国黄页，到后来被迫离开黄页创办阿里巴巴集团，再到阿里巴巴集团成功赴美上市，以及成为全球第一

电子商务企业。马云取得如此辉煌的成就，其间遭遇的挫折、困难是难以计数的，但是马云凭着"永不放弃"的精神最终坚持了下来。

1999 年 3 月，阿里巴巴集团刚成立时，马云就曾对十八罗汉说道："即使是泰森把我打倒，只要我不死，我就会跳起来继续战斗！"

2002 年，互联网遭遇"最寒冷的冬天"，马云对阿里巴巴集团的全体员工说："跪着过冬。"面对困境，马云坚持下去，等待"春天"的到来。马云说："中国网站 6 个月之内有 80% 会死掉，就像新经济，有 70% 的想法要扔掉，只有 30% 能实现下去。这时你跟竞争者拼的是谁能活着，谁能专注。不管多苦多累，哪怕是半跪在地上也得跪在那儿。跪着过冬，就是你站不住了也得跪着，不要躺下，不要倒。坚持到底就是胜利。"

在马云的带领下，阿里巴巴集团最终熬过了冬天，不仅活了下来，还实现了盈利。对此，马云说："很多人比我们聪明，很多人比我们幸运，为什么我们成功了？难道是我们拥有了财富，而别人没有？当然不是。一个重要的原因是我们坚持下来了。"

正如马云自己所言："马云讲的东西不一定是对的，但却是我所坚信不疑的；有些人讲的东西都是对的，但也许连他自己都不相信！"

的确，在创业的道路上，每个成功的创业者都有自己的一套经验，不过，坚持始终是一个共同的特质。正如马云所说："创业者必须一直坚持，不放弃就有机会。"

在一个访谈节目中，观众问马云："您认为成功是什么？"

马云的回答是："我不知道成功是什么，但知道失败是什么，失败就是放弃。要成功就永远不要放弃。基本上我每次一有成功的感觉时就倒霉了。只有当我七八十岁时，回忆过去才知道自己哪里做错或是怎样。"

事实证明，正是马云的坚持，马云才成为中国首富。

　　我自己创业过好多公司，第一家公司是1992年创办的海博翻译社，我们非常艰苦，这个是1992年成立，因为我学英文，很多人叫我做英文翻译，但是我没有那么多时间。我的老师、我的同学英文很好，他们都没有用，因为我没有时间做，我想如果有人找我做的话，我找他们做。

　　当时我的想法是我觉得应该会挣钱，我的第一家公司叫杭州海博翻译社，我是筹资了，跟我的同事一起筹集了3000元人民币，后来我们租了一个房子，没想到一个月的房租是1600元。但我们注册的资本是3000元，我们满怀信心地做这个行业，想法很好，但是做的过程当中第一个月的营业额大概600元不到，房租是1600元，还不包括工资。第一个月亏得一塌糊涂，但是我还是坚信能够做下去。我想告诉大家也许我们原计划可以盈利的，但是有的时候不是这样的。

　　后来我们发现义乌卖鲜花、卖礼品可以赚钱，所以我就自己跟我的搭档（我的搭档是铁路上干活的）坐火车去进货，拿来以后放过来。我们把我们的房间一切为二。后来我们发现卖礼品可以卖三四千块钱，但是翻译社就四五百块钱，然后我的同事讲我们开礼品店，也许我们将来成为一个礼品公司。所以我们问自己这个问题，当时成立这个翻译社是为了挣钱还是为了找翻译和那些老师的问题，我个人认为是解决老师和市场上的需求，可赚钱的项目很多很多。礼品未必是最好赚钱，我们开礼品店的目的是为了养翻译社，我们中间发生了很大的争论，我的同事就认为反正是创业只要赚钱就算了，很多的时候就存在这样的问题。[①]

不可否认，在创业的道路上没有如果，只有坚持不懈的努力和奋斗。因为马云说："今天很残酷，明天更残酷，后天很美好，但绝大部分人死在了明天晚上，看不到后天的太阳。"

在马云看来，创业者每天都在解决企业中的问题。马云说："我永远相信只要永不放弃，我们还是有机会的。"

讲话 53：创业者半跪着也要坚持，坚持到底就是胜利

对于那些即将创业，或者正在创业的人来说，创业是一个艰辛的历程，无疑是困难重重的，但是，想要创业成功，必须要有"永不放弃"的坚定信念，否则会半途而废。

在中国，提及三百年的家族企业，不得不提乐显扬创建于 1669 年

---

① 马云 . 马云创业故事之一：海博翻译社与义乌鲜花 [EB/OL].2017.http://nmlabs.net/teach/201 208/1331.html.

的同仁堂，自创办到公私合营，其经营时间大约三百年，传承十代。

同仁堂的案例表明，饱经沧桑的家族企业，至少有上百年时间处于常常遭遇经营困境的情况。由于家族企业创始人及其继承者的坚持和本身的优势，使得同仁堂这个家族企业依然能够坚挺地活下来。

再如创业于 1416 年，至今已有近六百年历史的便宜坊。又如创建于 1436 年的六必居，成为全国酱腌菜行业中规模最大的企业。这些企业给我们的启示是，要想创业成功，必须要有"永不放弃"的决心和勇气。

在中外创业者中，永不放弃让诸多创业者功成名就。如苹果电脑公司创始人史蒂夫·乔布斯，从创业开始，在十年间使"苹果电脑"从一家只有两个小伙子的车库公司扩展成为一家员工超过 4000 人、市价 20 亿美元的跨国公司。

史蒂夫·乔布斯 30 岁时被苹果公司赶出董事会。史蒂夫·乔布斯说："就这样，曾经是我整个成年生活重心的东西一夜之间就不见了，令我一时愕然，走投无路。随后几个月，我实在不知道要干什么好。我成了公众一个非常负面的示范，我甚至想要离开硅谷。"

尽管史蒂夫·乔布斯被董事会赶走，但是他却一直热爱自己的事业。离开苹果公司后，史蒂夫·乔布斯决定一切从头开始。在接下来的五年里，史蒂夫·乔布斯创建了 NeXT（美国电脑公司）和皮克斯动画工作室（简称皮克斯）。

皮克斯取得了不俗的业绩，制作出了世界上第一部完全由电脑制作的动画电影《玩具总动员》。其后，皮克斯阴差阳错地又被苹果电脑公司收购。在这样的背景下，史蒂夫·乔布斯又回到了苹果电脑公司，而 NeXT 发展的技术居然成了"苹果电脑"后来复兴的核心。

由此可见，一时的失败或许可以改变一个人的生活，但是拥有从头再来的勇气就将拥有无限的希望。成功也未必是最终结果，创业者们需要警钟长鸣。既然选择了创业，就不能再回头，也可以说，创业者一辈子都在创业。这也正如马云所说："请创业者不要低下高贵的头。"

对于创业者来说，放弃是一件非常容易的事情，难的是一直坚持下去。马云说："网络人最重要的是不能放弃，放弃才是最大的失败。而从挫折中站起来也是需要花很大力气的。要记住，英雄在失败中体现，真正的将军在撤退中出现。"

对这些年来创业道路上的困难、挫折，马云说："每次打击，只要你扛过来了，就会变得更加坚强。我又想，通常期望越高，结果失望越大，所以我总是想明天肯定会倒霉，一定会有更倒霉的事情发生，那么明天真的有打击来了，我就不会害怕了。你除了重重地打击我，又能怎样？来吧，我都扛得住。抗打击能力强了，真正的信心也就有了。

"所以我现在最欣赏两句话，一句是二战时丘吉尔先生对遭受重创的英国公众讲的话：'Never never never give up！'（永不放弃！）另一句就是：'满怀信心地上路，远胜过到达目的地。'"

马云的创业经验给创业者的启示是："虽然创业之路充满艰辛，但只要有梦想，只要不断努力、不断学习，就会有机会到达成功的彼岸。因为，今天很残酷，明天更残酷，后天很美好，但绝大部分人死在明天晚上，所以我们不要放弃今天。"

在 21 世纪的今天，很多企业同样面临诸多问题。如 2011 年，由于金融危机的影响，成千上万的中小企业面临资金供给紧张、融资成本快速上涨、出口受阻、原材料价格上涨、劳动力成本上升等多种难题，这些问题使中小企业陷入了成长和发展的困境。

面对困境,中小型企业应该如何生存,马云的回答是:"其实每一个创业者都有很痛苦的经历,无论是 60 年代的人创业,还是 70 年代的人创业,或者 80 年代的人创业,每一阶段都有痛苦。但是有一点,无论怎么痛苦,既然你选择创业了,那么就必须明白创业者只有坚持走下去,才有出路可言。"

马云说,阿里巴巴集团与任何一个中小企业一样都面临过困难。在 1999 年、2000 年、2001 年的时候,阿里巴巴集团同样也曾面临发不出工资的困境,当时他们没有什么收入,但要活下去,马云告诉自己和他的员工们,就是半跪着也要坚持,坚持到底就是胜利。

事实上,许多创业者之所以能够取得成功,是因为贵在坚持,在困难和挫折面前,创业者需要的不仅是融资、管理、人才,更需要坚持的决心和毅力。然而,成千上万的创业者在创业过程中都陷落在挫折和困难的失败深渊中,从此一蹶不振。

不过,在马云看来,在创业路上,每次受到打击时,只要创业者"扛过来了,就会变得更加坚强。而当你的抗打击能力强了,真正的信心也就有了"。正是基于这样的理解,马云在很多场合都告诫创业者要有永不放弃的坚持精神。

马云说:"所谓的毅力就是你期望的最好是失败,你不要寄希望于自己成功,这个可能跟大家的想法都不一样,我觉得对我来讲从第一天创业到现在为止,我经常提醒自己这句话,就是我创业是为了经历,而不是为了结果。人的结果都是差不多的,都要去一个地方,就是火葬场。"

事实证明,只要创业者勇于坚持,通常都会创业成功。一般的,创业者在创业时都有一个美好的愿景。但真正在创业过程中遭遇经营困难时，当初的愿景可能被怀疑，甚至是被推翻。因此，马云建议创业者，创业者一定要让自己明白，面对一时的失败千万不要气馁，应该照着自己的理想一路走下去。成功是由很多因素造成的，努力并不一定会成功，但如果不努力，就一定会失败。

讲话 54：失败就是放弃，要成功就永远不要放弃

当阿里巴巴集团进行了史上最大规模的 IPO 后，马云也因此成为中国首富。在这条路径中，马云曾经历过 4 次刻骨铭心的失败，但是他仍然保持乐观，就像他的偶像阿甘一样。

第一次：考场失利多次仍不放弃。

学生时代的马云，学习成绩并不是很理想。实际上，马云差点儿没能考上中学，也是多次考试失败。马云介绍说："我小升初的考试失利两次，中考失利三次，高考失利两次……"

尽管遭遇求学挫折，但是马云并不气馁。有很多伟人早年学习成绩不尽如人意，但后来都成了大事，包括阿尔伯特·爱因斯坦、温斯顿·丘吉尔和亚伯拉罕·林肯。

第二次：申请哈佛被拒 10 次也没能阻挡求学之路。

毕业于杭州师范学院英语专业的马云，为了能到海外留学，申请去

哈佛大学学习，却被哈佛拒绝了 10 次，马云还继续地申请。这说明马云拥有坚持不懈的毅力。因为马云说："耐心是非常重要的。"

第三次：求职被拒 30 次仍保持乐观。

大学毕业后，马云向多家单位发出申请，30 份不同的工作都统统拒绝了马云。马云甚至还去应聘警察，连机会都没给马云，只是用简单的三个字拒绝了他：你不行。

幸运的是，马云就像他最喜欢的电影英雄阿甘那样，一直奔跑着。"今天很残酷，明天更残酷，但后天是美好的。"

第四次：24 个面试者中，马云是唯一一个被肯德基拒绝的。

在求职中，马云曾经给肯德基投过简历，24 个应聘者中，录用了 23 个，马云是唯一一个被拒绝的。马云被拒的原因竟是不太好看的长相和矮小的身材。

……

这样的挫折不胜枚举，不过如同马云所讲："只要不放弃，你就还有机会。放弃是最大的失败。"这样的挫折为日后成功创业打下基础。在创业的道路上，不可能有一条捷径是一帆风顺的，都必须经历过"九九八十一难"，如同唐僧师徒四人西天取经一样，只有经历过创业的挫折，才有可能历练企业家的经营才能。企业家一词是从法语中借来的，其原意是指"冒险事业的经营者或组织者"，是指企业中能独立自主地做出经营决策并承担经营风险的人，既是生产的组织者、领导者，又是市场交易中的经营者。通常为大公司的董事长、总经理。

从这个定义可以看出，企业家的特质是敢于冒险，既然是冒险，就必须具备坚持到底的品质，否则冒险无从谈起。正如马云所说："黎明前的黑暗是最难挨的。"

对于正在创业，或者即将创业的人来说，要想成功创业，享受黎明时的阳光普照，就必须在之前的黑暗中顽强挺住。就要像马云那样认准目标，坚持到底，永不放弃。即使遇到一千次一万次困难也不放弃追求，不言失败，不退缩，不向命运屈服，如果能做到这点，那么你就有可能成为下一个马云。

马云凭借"永不放弃"的精神，创造了阿里巴巴集团今日的辉煌成就，其间遭遇的难以计数的挫折、困难只有马云才能体会。

马云告诫创业者："你想成功么？那就坚持吧，为自己的目标而坚持，每个人都可以更强大，只要懂得什么是坚持，忍别人不能忍的，这样你就迈出了成功的一大步，在做人做事上没有什么可以难倒你的！"

讲话 55：创业者没有退路，最大的失败就是放弃

对于任何一个创业者而言，在创业的过程中并不缺乏商业机会，创业者成功的关键在于是否能抵挡诱惑，并始终如一地坚持下去。对此，马云说："阿里巴巴集团在路上发现小金子，如果不断捡起来，身上装满的时候就会走不动，永远到不了金矿的山顶；还是不管小金子直奔山顶。"在马云看来，要想创业成功，除了坚持，还是坚持，因为创业者最大的失败就是放弃。

2014 年 9 月 19 日对于阿里巴巴集团创始人马云及其创业伙伴而言，是一个非常值得庆贺的日子。因为阿里巴巴集团正式登陆美国纽约证券交易所，以 218 亿美元的融资额创造了美国股市历史上最大规模的 IPO。

在这个别开生面的时刻，马云和众高管来到美国纽约证券交易所现场观看了整个上市仪式，并邀请 8 名女性客户敲响了上市钟。

阿里巴巴集团上市之后，马云成为中国首富。据最新发布的彭博亿万富豪指数显示，阿里巴巴集团创始人兼董事局主席马云拥有 218 亿美元（约合为 1339 亿元人民币）净资产，成为中国首富。位列第二的是腾讯创始人马化腾，拥有 163 亿美元（约合 1001 亿元人民币），排在第三的是百度创始人李彦宏，拥有 158 亿美元（约合 970 亿元人民币）。

当各种荣誉随之而来时，成为中国首富的马云并未得意忘形，在美国纽约证券交易所接受媒体采访时坦言："十五年前，很多人都说我们不会存活下去；可他们没想到，今天我们站在了这里。"

在马云看来，阿里巴巴集团之所以能够取得这样的业绩，还是缘于坚持。

的确，在中国，每天注册的企业数量在不断地增加，同时每天却也有无数的创业者因为没有坚持而放弃。在创业之初，曾经有无数的创业者信誓旦旦地说："在十年之内，我们的公司必须要进入中国民营 500 强。"然而，一旦在经营上遇到一点小小的挫折，他们就独自黯然神伤，甚至还后悔走上创业之路。

万事开头难，创业也一样。要想将企业做精做久做大，坚持就是一个必须的选项。

在马云的创业生涯中，同样遇到了诸多的困难。就在马云创办海博翻译社之后不久，恰好一个与杭州市政府合作的美国企业不遵守合同，一直没有给与杭州市政府合作的项目注入资金，在这样的情况下，杭州市政府决定，寻找一个英语口语较好的人去美国与该企业进行商务谈判。

由于海博翻译社的声誉较好，马云就这样被杭州市政府选中了。不过，据说当时由于马云长得不帅，杭州市政府相关领导并不看好马云，但因为马云的口才和英语非常出色，马云还是作为唯一的杭州市政府谈判代表去了美国。

让马云没有想到的是，与杭州市政府合作的那家美国企业其实就是一个彻头彻尾的骗子公司，该企业还把马云软禁起来。马云凭借着自己的智慧跑了出来，并在美国接触到了互联网。回国后的马云，成立了中国黄页。

正是马云的坚持，开启了马云创业的辉煌征程，尽管马云退出中国黄页，但也为创办阿里巴巴集团打下了坚实的基础，为马云成为中国首富创造了机会。

讲话 56：既要有像兔子一样的速度，也要有像乌龟一样的耐力

对于任何一个创业者而言，面对困难是不可避免的。在马云看来，

面对困难，除了坚持，还是坚持，因为坚持是创业者应对各种困难最好的策略。为什么马云认为坚持，而不是资金，是创业者解决企业经营中诸多问题的最好办法呢？这个还缘于马云的成长经历。

1982 年对于普通的中国人来说，日子跟以前没有什么两样，然而对于马云来说，却是一个值得大书特书的年份。马云在这一年开启了自己成为中国首富的人生之旅。

事情是这样的，1982 年，中国著名作家路遥在文学杂志《收获》上发表了一篇名为《人生》的小说。此时正值改革开放初期，瘦小的马云在杭州火车站的一个角落利用休息时间一口气读完了《人生》这篇小说。

当时，马云正好 18 岁，从蹬三轮车的临时工刚刚升格为收发信件的助理，其实，依旧是一名临时工。读完《人生》这篇小说之后，马云被深深地激励了，他毅然参加了他人生中的第二次高考，由于数学考了 19 分，马云再次名落孙山。1984 年，马云参加第三次高考，顺利考上了大学。

在此之前，马云经历了多次失败：高考复读班嫌马云影响升学率，婉拒马云复读；马云梦想当兵，结果身高体重不达标；马云报考警校，由于自身条件不够被拒绝；和小伙伴们一起去肯德基面试，20 多个人全录取了，只有马云被拒绝……

而面对这些困难，马云都一一坚持了下来。在《在路上——马云与中国"80 后"的对话》特别节目的现场，一位观众问马云的座右铭是什么，马云的答案是"永不放弃"。

有一个创业者向马云问："马总您好！您对我们'80 后'产生了深远的影响。现在，我发现我身边不乏创业的激情，从自身讲这种激情也让我坐立不安，急切希望成功。作为刚刚毕业的我们，不足 10% 的创业成功率让我们惶惑。您觉得我们应该做哪些规划才能提高这种成功率？这种激情是否应该遏制？"

面对创业者的困惑，马云回答说："创业其实是很艰辛的。我一方面鼓励大家创业，另一方面我想告诉大家一个很现实的问题：100 个人创业 95 个人死掉，你连声音都没听见，你根本不知道这 95 个人存在过。还有 4 个人，你是看着他们死的。剩下这 1 个人，这个人很勤奋但未必是最勤奋的，这个人很努力很聪明，但未必是最聪明的。有很多的机缘、有很多的因素使得他成功。"

马云告诫该创业者说："创业者要永远去想，我是为五年以后、十年以后创业，不是为今天。假如你觉得创业是为了今天，因为别人这个事情今天做得好，所以我去做，你的成功率就很低。所以很多时候，我希望大家既要有激情但更要有耐性。刚刚创业的时候，我就跟我自己和我团队说，我们既要有像兔子一样的速度，也要有像乌龟一样的耐力。"

讲话 57：创业路上，创业者没有退路

在很多场合下，马云坦言："如果我成功，我成功的原因是什么，我觉得是永不放弃，没有放弃。"

永不放弃，体现了创业者一种积极向上的创业态度，更体现了一种在逆境中绝地反击的钢铁意志。这是关乎创业者创业成功与否的一个关键因素，也是马云打开阿里巴巴集团"芝麻大门"的"咒语"。

如今的马云，是响彻华夏的创业人物，也是世界最大的电子商务平台的创始人。然而，在这诸多赞誉的背后，却充满了马云创业的艰辛和坎坷。

马云当初从杭州师范学院外语系毕业后，留校做了一名英语教师。六年后，马云决定下海经商，然而经商并不顺利。尽管创业如此艰难，但马云还是坚信可以做下去。

值得欣慰的是，在马云的不懈努力下，中国第一个电子商务网站终于横空出世了。功夫不负有心人，仅用了七年，阿里巴巴集团的会员就突破 350 万人，收入达到了上亿元。

马云激励自己和员工们说道："只要你有梦想，不放弃，你就永远有希望和机会。"马云的"永不言弃"的哲学里始终蕴藏着巨大的潜在能量，同时也充满了他殷切的希望，昭示他创业能够成功。遭遇经营困难时，一旦创业者以永不言弃的态度去对待它，就能攀登一个又一个高峰。因此，在创业的道路上，最痛苦的是坚持，而最快乐的也是坚持。马云曾经说过："在创业的道路上，我们没有退路，最大的失败就是放弃。"

在马云的创业路上，英语起到了关键的作用。1988 年，马云毕业于杭州师范学院英语专业，之后任教于杭州电子工业学院（现杭州电子科技大学）。1991 年，马云成立海博翻译社。

马云是如何与英语结缘的呢？这还得从马云上中学说起。当时教授马云地理的女老师讲课风格非常独特，也很活泼，经常给同学们讲她自己的一些经历和故事。

在一次地理课上，这位地理老师讲了一件事情：曾经在杭州西湖边，有几个来中国旅游的外国人询问她一些关于中国地理的问题，由于她英语口语较好，与这几个咨询问题的外国人交谈非常顺畅，对答如流。最后，这位地理老师总结道，作为中国人不仅要学好中国地理，更要学好英语，不然一旦有外国人问起，可能会给中国人丢脸。

这位地理老师的话使马云茅塞顿开，从那以后，马云加倍学习英语，这也开启了马云的另一种人生。据说，马云上完那节地理课后回到家中，不惜花 6 角多钱购买一个广播，每天坚持不懈地听英文广播，目的就是要学好英语。那一年，马云才刚满 12 岁。

在学习英语的途中，马云也遇到了非常多的困难。但是凭借他坚持的品性，最终克服了重重困难。

为了练好一口流利的英语，马云经常到西湖边外国人较多的地方与他们用英语交谈，偶尔也给外国人当一回导游。不管刮风下雨，只要有机会，马云就会去与外国人练习英语。

功夫不负有心人，马云的英语口语渐渐地流利起来，马云的老师和同学都吃惊不小，甚至连很多外国人都以为马云是一个归国小华侨。尽管马云没有出国经历，他却用自己的方法练就了一口纯正、流利的英语口语，上了大学之后的几年里，马云依旧坚持跟外国人用英语口语交流。

这个看似简单的故事却蕴藏了马云创业成功的基因——坚持和永不放弃。学英语磨炼了马云的意志，当机遇来临时，这种创业能力就显现出来了。所以，一个人的成功并不是很随便的，这个基因在小时候就已经种下了。鲁迅说童年的生活就是将来的命运，大概说的就是这样一个道理。

在很多公开场合，马云都在强调："在创业的道路上，我们没有退路，最大的失败就是放弃。"因为坚持可以提升创业成功的概率。在创业的过程中，因为会面临各种困难，创业者放弃的概率非常大。马云说："在我刚开始创业的那个时候，有人说如果阿里巴巴集团能够成功，无疑是把一艘万吨巨轮从喜马拉雅山脚下抬到珠穆朗玛峰顶，我就要让他们看看我是如何把这艘万吨巨轮从珠穆朗玛峰顶抬到山脚下。"这样的感悟都是源自马云成长中的诸多经历。

第 **16** 章

创业者需要持久的激情

创业者最优秀的品质就是激情。有些人创业初期是很有激情的，但激情来得快，去得也快，所以，我希望你们的激情能保持三年，保持一辈子。

——阿里巴巴集团创始人 马云

讲话 58：短暂的激情是不值钱的，只有持久的激情 才是最赚钱的

随着"互联网＋"时代的到来，中国创业人数创纪录地增长，甚至有创业大咖断言，我们正在经历人类历史上最大的创业潮。

相关数据显示，仅仅在 2015 年一年之内，中国平均每天新登记注册的企业就达到 1.16 万户，平均每分钟就创建 8 个公司。

东方富海董事长陈玮在接受媒体采访时谈道："尤其是'90 后''00 后'，可以说是天生的'创一代'，他们本就生于互联网时代，性格独立、勇于冒险、教育程度高，也更容易接受新事物。"

但是，创业人数的增加，以及创业的低门槛，并不意味着人人都能创业成功。实际上，创业失败率极高，相关数据显示，中国创业企业的失败率为 80% 左右，企业平均寿命不足三年，大学生创业失败率更高达 95%。

马云在很多场合告诫创业者说，作为一名合格的创业者，首要条件就是"要有激情"。

关于创业激情的问题，作为阿里巴巴集团的缔造者，马云拥有自己独到的看法。2004 年，在国际电子商务大会上，马云告诫创业者："电子商务是一个新的领域，我们最重要的是永远为你拥有激情的事情激情

下去，做电子商务不容易，今天有这么多人在，我非常高兴。从事网络的人，尤其是这几年活下来的人，经历的事情太多……"

马云的创业经验不仅是其个人创业经验的总结，更是指导创业者的一条路径。

在创业的道路上，遭遇各种艰难困苦是一件非常正常的事情。在这样的情况下，要想创业成功，必须拥有持久的激情才能坚持下去，因为创业就是一个艰难而漫长的旅途。

马云在演讲中多次告诫创业者："短暂的激情是不值钱的，只有持久的激情才是最赚钱的。"

马云坦言，在阿里巴巴集团，当初的十八罗汉是一批拥有激情、梦想的年轻人，之所以能够在一起创业，是因为想创建一家伟大的公司。理想很丰满，但是现实却很骨感。年轻的创业伙伴容易产生激情，但是在面临挫折时，激情就更容易褪去。

在这样的情况下，马云提醒与他当初一样的创业者，要想创业成功，就必须要永远保持创业的激情。马云说："创业者最优秀的品质就是激情。有些人创业初期是很有激情的，但激情来得快，去得也快，所以，我希望你们的激情能保持三年，保持一辈子。"

在马云看来，"短暂的激情只能带来浮躁和不切实际的期望，它不能形成巨大的能量，而永恒持久的激情才会形成互动、对撞，产生更强的激情氛围，从而造就一个团结向上、充满活力与希望的团队"。

事实证明，在创业的过程中，只有持久的激情才能保持积极的心态。正如被誉为非洲圣人的阿尔贝特·施威茨尔的《创业宣言》所言：

我怎会甘于庸碌，

打破常规的束缚是我神圣的权利，

只要我能做到。

赐予我机会和挑战吧，

安稳与舒适并不使我心驰神往。

不愿做个循规蹈矩的人，

不愿唯唯诺诺麻木不仁。

我渴望遭遇惊涛骇浪，

去实现我的梦想，

历经千难万险，哪怕折戟沉沙，

也要为争取成功的欢乐而冲浪。

一点小钱，

怎能买动我高贵的意志。

面对生活的挑战，我将大步向前，

安逸的生活怎值得留恋，

乌托邦似的宁静只能使我昏昏欲睡。

我更向往成功，向往振奋和激动。

舒适的生活，怎能让我出卖自由，

怜悯的施舍更买不走人的尊严。

我已学会，独立思考，自由地行动，

面对这个世界，我要大声宣布，

这，是我的杰作。

的确，在创业的道路上，艰难困苦能够激发创业者的激情，激情则能最大限度地激发创业者的潜能，让创业者执着地朝着自己的目标迈进。

1988 年，马云从杭州师范学院外语系毕业后，被分到杭州电子工业学院当英语老师，同时兼任学院外办主任，这段做老师的经历也教会了马云很多事情。马云后来回忆说："在学校教书的五年，给我带来的好处就是知道了什么是浮躁，什么是不浮躁，知道了怎么做好点点滴滴，创业一定不能浮躁。"

在其后的创业中，尽管马云遭遇各种创业困难，甚至面临员工工资也发不出的困境，马云依然凭借激情坚持到了春天。作为创业者，尽管创业难以避免逆境，但只要充满激情地积极面对并解决这些问题，就能保证创业成功，一旦遇到困难就逃避，是不可能取得成功的。

讲话 59：不能经受挫折的激情最多只能算是冲动

任何一个正在创业或者即将创业的人都必须要明白，创业是一个非常漫长而艰辛的历程。认为创业是一件非常不艰难的事情、单凭一时的创业激情就能够创业成功的想法是不客观的，也是不现实的。

创业者会有这样的想法，主要是看到很多成功的创业案例，比如大学未毕业的比尔·盖茨创业成功、大学未毕业的杨致远创业成功、大学未毕业的迈克尔·戴尔创业成功……这些创业者大学未毕业都能成功，无疑使得越来越多的大学生怀着一腔的创业热情，也想在创业的疆场上驰骋。

在《赢在中国》第一赛季晋级篇第五场中，尽管陈跃武是美国的MBA、电子工程硕士，但这样的光环并没给陈跃武加分，他被马云直接淘汰掉了。

这样的结果估计让自信满满的陈跃武一脸茫然，因为陈跃武也是带着周详的创业计划来到《赢在中国》这个赛场的。

马云直接淘汰陈跃武的理由是："第三位选手陈跃武，我很想坦率地跟你讲，你最好别创业。听起来挺难受，但是刚才吴鹰也讲了，创业很累，创业的失败率很大很大。从你的性格上看，我觉得你比较适合做一个工程师，或者是比较适合参与一个已经创业成功的团队，因为你的条理、你的理性以及你的温文尔雅，创业者都是疯疯癫癫的多一点。如果你真的要创业，我建议你MBA毕业以后最好先找一份工作，到中国来干五年，五年以后还想创业，你再创业，五年一般会消灭掉很多创业的想法。你这个项目需要熊总、吴总和我们投资时，你已经找到1000个客户每人愿意付你300美元时，我们再好好谈一谈，好不好？"

对陈跃武而言，被马云当面否定，这的确是一件非常尴尬的事情。不过，马云既然这样评价陈跃武肯定是有其依据的。

在《赢在中国》参赛的36强选手中，陈跃武可以说是项目准备最不充分的一个。他的团队在当年5月才成立，6月初才开始找项目，6月10日前后面试通过108强，6月18日到北京参赛。36强的其他选手都有很强的项目，很多人有运营数年的公司，百万元、千万元的营收，项目上的优势不言而喻。虽然陈跃武拥有满腔热情，想在网上为中国和美国的高端商业领导建立一个交流的平台，但这么短时间成立的团队，能否经受住创业艰辛风雨的洗礼还是一个未知数。

马云认为，在创业过程中，创业者不能经受挫折的激情，只能算是冲动。因为创业的艰难程度难以想象。

讲话 60：缺乏创业激情，创业必败

在很多场合下，马云受邀给创业者或者大学生分享其创业经验。马云认为，成功创业不仅需要拥有创业激情，还需要将这种创业激情坚持下来，缺乏创业激情，创业必败。

美国哈佛商学院教授丹尼尔·奎因·米尔斯做过一个有趣的实验。他将一条最凶猛的鲨鱼和数条温顺的小鱼放在同一个池子里，然后用强化玻璃把鲨鱼和其他鱼群隔开。

刚开始，鲨鱼不断地冲撞那块看不到的玻璃，几乎试遍了每一个角落，每次都是用尽全力，结果每次都弄得伤痕累累，甚至有好几次因为撞击玻璃而导致浑身破裂出血，每当玻璃出现裂痕，实验人员马上加上一块更厚的玻璃。

实验了数月之后，凶猛的鲨鱼不再撞击那块玻璃了，丹尼尔·奎因·米尔斯教授取走玻璃，但是鲨鱼每天仍是在固定的区域游着，它已经失去了最初的激情了。

鲨鱼实验给创业者的启示是，每个创业者开始都拥有炽热的创业激情，但面对残酷的市场竞争，以及巨头的围追堵截，很多创业者就如同池子里的鲨鱼一样，失去了最初的创业激情。

在《赢在中国》第一赛季晋级篇第八场中，创业选手潘诚的参赛项目是生产硬盘录像机，该录像机可以实现电视节目的录像和回放、照片的编辑管理、DV 和 AV 摄像机摄出资料的管理、家庭监控四项功能。

当潘诚介绍完自己的创业项目后，马云问潘诚："你觉得你前面过得怎么样？你的短处在哪里？你说五十年以后的事不去考虑，但我觉得五年以后的事你需要去考虑。五年以后如果你要碰到吴鹰，或者铁鹰什么的，你怎么跟这些人竞争，他有研发、生产和销售体系，如果他看好你的项目，他很可能自己来做，他的钱也比你多。"

潘诚回答说："创业对我自己的挑战非常大。创业初期要发扬自己的长处，比如我有冲劲，我会做技术，也会做市场，把自己的长处发扬出来。做到一定程度以后，仅有长处不够，有短处才可以。我觉得我的表达能力还需要提高。我今天在中央电视台的这种表现已经是非常好的了，很多年以前我根本不可能做到这样。我在不断地学习改变自己。《赢在中国》节目宗旨的第二句话是'创业改变命运'，我想把它改一改，'创业改变自己'，我自己在多年创业中不断学习，比如说学会如何表达自己的思想。不好意思，五年以后的事确实没考虑。我们预计到2008 年奥运会的时候，我们的销售会有爆发式增长。"

听完潘诚的回答后，马云点评说："潘诚，你赢了，但还有不足的地方。我认为，快乐不是一个概念，概念永远不是一个企业的核心竞争力。任何一个创业者，永远要把自己笑脸露出来，你的脸看起来好像是很痛苦的样子，很难想象一个痛苦的脸可以给人带来快乐。所以快乐需要展示出来，你要把自己的快乐展示出去。此外，刚才讲到发脾气，其实男人的胸怀是委屈撑大的，多一点委屈，少一些脾气，你会更快乐。"

在马云看来，"持久的激情是最赚钱的，在任何时刻，永不放弃。永远坚持自己的梦想，保持自己的激情"。2007 年 7 月 29 日，在跟"五年陈"（阿里巴巴集团的员工在工作满五年之后会被称为"五年陈"，并获得一枚公司定制的戒指）员工交流时，马云讲了一个关于孙正义的故事：

当年软银在日本刚刚成立时，孙正义就希望给员工的工资低一点，把公司的一部分股票分给员工。有一些年轻的女员工得到了一点股票，但是她们很不高兴，因为股票不多，在当时也不能变现，她们就不想要股票，想多要一点工资。

之后不到两年，软银就上市了，这些女员工的一点股票居然一下子价值达到一百多万美元，最后涨到将近两百万美元。拿股票更多的全部成了几百万美元的股东，还有人甚至成了几千万美元的富翁。

这些女孩十分高兴，心想有这么多钱了还工作干什么，于是她们嫁人的嫁人，不干活的不干活，开始买房子、买车，没有一个人真正感谢公司，没有一个人感谢团队。由此也给软银内部带来很大的冲击，有很多员工辞职成立了自己的公司，还过来挖原来公司的墙脚。但是，这些出去的人，据统计没有一个人是成功的，来得快，去得也就快。[①]

马云通过这个故事告诫阿里巴巴集团的老员工，不要因为一下子成了"暴发户"就没有了激情。马云坦言，自己非常看好唐僧师徒团队。马云说："唐僧是一个好领导，他知道孙悟空要管紧，所以要会念紧箍咒；猪八戒小毛病多，但不会犯大错，偶尔批评批评就可以；沙僧则需要经常鼓励一番。这样，一个明星团队就成形了。"

在马云看来，一个企业里不可能全是孙悟空，也不能都是猪八戒，更不能都是沙僧，马云说："要是公司里的员工都像我这么能说，而且光说不干活，会非常可怕。我不懂电脑，销售也不在行，但是公司里有人懂就行了。"

---

① 蒋云清. 马云谈商录 [M]. 北京：北京联合出版公司，2011.

参考文献

[1] 白山 . 马云的人生哲学 [M]. 北京：北京工业大学出版社，2011.

[2] 车丽萍 . 创业：50 位上海理工大学毕业生的创业历程 [M]. 上海：复旦大学出版社，2012.

[3] 陈伟 . 这才是马云 [M]. 杭州：浙江人民出版社，2011.

[4] 陈炜煜 . 创业学 [M]. 北京：中国财富出版社，2010.

[5] 储盈 . 创业兵团 [M]. 北京：中华工商联合出版社，2012.

[6] 初明利，于俊如等 . 创业学导论 [M]. 北京：经济科学出版社，2009.

[7] 常桦 . 创业教父 [M]. 北京：中国华侨出版社，2010

[8] 广天响石阿里巴巴研究中心 . 马云说 [M]. 北京：中华工商联合出版社 .2011.

[9] 郭明涛 . 马云的人生哲学 [M]. 杭州：浙江人民出版社，2009.

[10] 贺尊 . 创业学概论 [M]. 北京：中国人民大学出版社，2011.

[11] 霍莉 . 马云：创业不要"左眼美金，右眼日元"[J]，中国企业家 .2010（10）.

[12] 侯继勇 . 对话马云：那些与 WTO 相关的事 [N].21 世纪经济报道，2011-11-19.

[13] 何峰 . 马云：不要老是想打败竞争对手 [EB/OL].2014.http://www.iheima.com/archives/13473.html.

[14] 海华 . 马云教典：成就阿里巴巴帝国的 36 个法则 [M]. 武汉：华中科技大学出版社，2009.

[15] 黄亮新 . 互联网创业前奏曲第二部：网站运营之人性、策略与实战 [M]. 北京：电子工业出版社 .2011.

[16] 简六 . 马云选人哲学：喜欢 3 流学校 陆兆禧躺着中枪 [J]. 中国企业家，2013（3）.

[17] 纪永英，李红 . 马云说：生意就该这么干 [M]. 太原：山西人民出版社，2012.

[18] 纪子义 . 马云如是说 2[M]. 北京：中国经济出版社，2009.

[19] 蒋云清 . 马云谈商录 [M]. 北京：北京联合出版公司，2011.

[20] 金错刀 . 马云的创业逻辑 [M]. 北京：中信出版社，2012.

[21] 金错刀 . 马云管理日志 [M]. 北京：中信出版社，2009.

[22] 李时椿，常建坤 . 创业学：理论、过程与实务 [M]. 北京：中国人民大学出版社，2011.

[23] 李问渠 . 马云商道真经 [M]. 北京：新世界出版社，2009.

[24] 李文勇 . 像马云一样创业 [M]. 北京：中国青年出版社，2009.

[25] 李文庠 . 赢在创业：选择创业项目的 58 个方向 [M]. 北京：中国纺织出版社，2012.

[26] 李野新，周俊宏 . 马云谈创业 [M]. 杭州：浙江人民出版社，2009.

[27]李治仪.小老板的创业经[M].北京：北京联合出版公司，2013.

[28]刘世英，彭征.谁认识马云[M].北京：中信出版社，2006.

[29]刘世英，彭征明.马云创业思维[M].北京：经济日报出版社，2008.

[30]刘世英.谁认识马云2：危机中的救赎[M].北京：中国友谊出版公司，2012.

[31]刘世英.马云的坎[M].北京：中华工商联合出版社，2012.

[32]刘德胜.马云的财富江湖[M].北京：航空工业出版社，2010.

[33]黎黎.成功无捷径：马云创业22律[M].北京：中国纺织出版社，2013.

[34]龙春华.马云给年轻人的创业课[M].北京：中国三峡出版社，2011.

[35]鲁智.跟马云学创业理念[M].北京：台海出版社，2012.

[36]吕叔春.马云是这样创业的[M].北京：中国城市出版社，2011.

[37]马云.马云内部讲话[M].北京：红旗出版社，2010.

[38]马云等.CEO来信[M].上海：上海财经大学出版社，2011.

[39]马钧.马钧品马云[M].武汉：武汉大学出版社，2008.

[40]马云.马云：员工意见比股东意见更重要[J].中国企业家，2009（11）.

[41]马云.马云：善待员工，带来的回报远超过想象[J].中国企业家，2010（12）.

[42]马云.马云2002年在宁波会员见面会上的演讲，2002.

[43]马云.马云：聘请员工要找最合适的而不是最天才的[J].中国企业家，2009（11）.

[44]马云.马云：不要迷信MBA[N].中国食品报·冷冻产业周刊，2010-04-05.

[45]邱小华.马云：创业者要谈学会倾听客户的需求[N].市场导报，2010-09-29.

[46]【日】神田昌典.餐巾纸上的创业课[M].重庆：重庆出版社，2009.

[47]任雪峰.我的成功不是偶然[M].北京：中国画报出版社，2010.

[48]任宪法.白手创业[M].北京：中国经济出版社，2011.

[49]孙燕君.马云教[M].南京：江苏文艺出版社，2008.

[50]孙祺奇.马云是特例[M].北京：中国经济出版社，2012.

[51]孙陶然.创业36条军规[M].北京：中信出版社，2012.

[52]石育斌.助您成功登上创业板[M].北京：法律出版社，2009.

[53]谭古.浙商创业精神解读[J].科技创业，2007（1）.

[54]魏拴成，姜伟.创业学：创业思维·过程·实践[M].北京：机械工业出版社，2013.

[55]王波.创业成功者的40条经验[M].北京：电子工业出版社，2010.

[56]王雪靖.新阿甘式传奇人物——马云[N].第一财经日报，2006-01-20.

[57]王傅雷.在手马云右手史玉柱[M].北京：北京理工大学出版社，2009.

[58]王建红.阿里巴巴捐500万资助地震残疾人康复培训[N].江南时报，2008-11-06.

[59]王宇.马云的人生江湖[M].贵阳：贵州人民出版社，2011.

[60]王珺之.马云给创业者的忠告[M].北京：化学工业出版社，2011.

[61]谢残阳.霸气马云[M].北京：中国铁道出版社，2012.

[62]肖文健.马云创业语录[M].北京：中国致公出版社，2008.

[63]肖文键.马云说话之道[M].北京：中国华侨出版社，2012

[64]薛松.马云忆当年融资难：一家家敲门一家家被拒[N]..广州日报，2009-09-17.

[65]杨云鹏.马云的24个工作哲学[M].北京：石油工业出版社，2012.

[66]杨艾祥.马云创造[M].北京：中国发展出版社，2006.

[67]习美，李绍钻.马云教你创业赚大钱[M].北京：中国商业出版社，2011.

[68]袁朝晖.换只眼睛看马云[M].北京：经济日报出版社，2011.

[69]姚非拉.漫话马云[M].北京：新世纪出版社，2008.

[70]佘在杭.芝麻开门[M].北京：中国时代经济出版社，2007.

[71]叶一戈.马云制胜的九种武器[M].北京：当代中国出版社，2012.

[72]《赢在中国》项目组.马云点评创业[M].北京：中国民主法制出版社，2007.

[73]赵文锴.马云创业真经[M].北京：中国经济出版社，2011.

[74]朱乘尧.马云创业启示录.[M]北京：人民邮电出版社，2010.

[75]朱甫.马云如是说[M].北京：中国经济出版社，2008.

[76]朱甫.马云管理思想大全集（超值白金版）[M].深圳：海天出版社，2011.

[77]朱甫.马云谈创业[M].深圳：海天出版社，2008.

[78]张炜、田茂利.创业学[M].杭州：浙江大学出版社，2011.

[79]张耀辉.创业学导论：原理、训练与应用[M].北京：机械工业出版社，2011.

[80]张文松，裘晓东，陈永东.创业学[M].北京：机械工业出版社，2012.

[81]张玉利.创业管理（第2版）[M].北京：机械工业出版社，2011.

[82]张刚.马云十年[M].北京：中信出版社，2009.

[83]张永生.马云向左史玉柱向右[M].北京：中国言实出版社，2008.

[84]张镟沂.像马云一样说话[M].南京：江苏文艺出版社，2011.

[85]张勇，闫秋芹.天天遇见马云[M].北京：清华大学出版社，2009.

[86]张绪旺.马云：小企业不要急着圈钱[N].北京商报，2010-06-02.

[87]张绪旺.马云：点滴的完善就是最好的管理[N].北京商报，2010-08-25.

[88]中央电视台财经频道《商道·对手》栏目.创业：我们的故事[M].北京：北京出版社，2011.

[89]周锡冰.马云教你创业[M].北京：中国经济出版社，2009.

后记

随着中国经济的深度发展，改革开放三十多年，特别是当下群雄并起的双创时代，中国经济创造的奇迹举世瞩目。在这段大书特书的历史中，中国一批批的创业英雄不断涌现，不仅书写了中国经济的神话，也站在世界创业的潮头。在这些创业英雄中，马云当之无愧地成为不可多得的创业典型。

从创办海博翻译社到中国黄页，从中国黄页到创办阿里巴巴，经过多年的耕耘，阿里巴巴最终成为全球最伟大的电子商务公司；从最初的普通高校英文教师，到中国最大的电子商务"帝国"的缔造者；从因公赴美出差接触互联网，到筹集10万元创办中国黄页网站；从告别北京创业，到杭州东山再起，创建阿里巴巴集团……

这样的创业经历，关键还是在于马云敢于迈出创业的第一步。如果没有当初敢想敢干的创业精神，今日的马云也不可能成为阿里巴巴这个奇迹的创造者，更不可能成为中国当之无愧的创业"教父"。

在诸多公开场合，马云总是在"指点江山、激扬文字"，告诫创业者，创业是一场修炼，个中艰苦只有自己最懂。但是媒体却把马云无数的艰辛故意隐藏起来。我在整理马云的创业之路时发现，马云能够取得今日之辉煌并非一帆风顺，同样经历了"八十一难"。

我能理解媒体的导向性，媒体之所以放大马云创业成功的榜样作用，是为了推动更多的立志于创业的创业者前赴后继地奔赴创业前线，特别是当下的双创时代，这样的积极意义就不言而喻。

同时，一批研究者也批评全民创业，其理由是，创业企业的失败率非常高，初创企业的寿命相对较短。不过，我不认可这样的观点，我个人认为，全民创业才是激发中国企业创新的一个关键点，特别是很多具有匠人精神的创业者，他们不仅是中国经济主要的创造者，而且也是中国核心技术的传承者。

当然，我并不否认创业企业的高失败率，我在研究家族企业的过程中发现，很多创业者创业失败主要缘于盲目扩大规模，或者盲目多元化，甚至"用短期借款搞固定资产投资"。

据中央电视台、国家发改委中小企业对外合作协调中心、清华大学中国创业研究中心、中国农业大学 MBA 中心联合推出的报告显示，50% 以上的创业者都用过"用短期借款搞固定资产投资"的方式。

《中国百姓创业调查报告》直接指出，48% 的创业者有过失败经历，失败的主要原因集中在三点：用短期借款搞固定资产投资而资金周转出问题；创业项目选择错误；管理不善。

本书着重针对诸多创业者容易犯的错误，旨在通过马云的创业经验和心得，告诫创业者需要注意的创业事项，同时以马云的创业事例传承投资智慧，使创业投资者在摩拳擦掌之时，能够得到马云的善意建议，真正地获取具有指导性的创业知识和技巧。

马云作为双创时代草根创业的代表人物，以及继续在创业路上的先行者之一，其企业经营论断或许不能直接给创业者们带来成功，但是却能给予创业者一个提示，一个视角，一个忠告，一个鼓励，告诉所有创业中的人，创业不是孤军奋战，不是置之死地而后生，而是一个科学规划、合理决策的经营活动。

这里，感谢《财富商学院书系》的优秀人员，他们也参与了本书的前期策划、市场论证、资料收集、书稿校对、文字修改、图表制作等工作。

以下人员对本书的完成亦有贡献，在此一并感谢：简再飞、吴旭芳、周芝琴、周梅梅、吴江龙、吴抄男、赵丽蓉、周斌、周凤琴、周玲玲、金易、汪洋、霍红建、赵立军、王彦、兰世辉、徐世明、周云成、叶建国、欧阳春梅，等等。

任何一本书的写作，都是建立在许许多多人的研究成果基础之上的。在写作过程中，笔者参阅了相关资料，包括电视、图书、网络、视频、报纸、杂志等资料，所参考的文献，凡属专门引述的，我们尽可能地注明了出处，其他情况则在书后附注的"参考文献"中列出，并在此向有关文献的作者表示衷心的谢意！如有疏漏之处还望原谅。

本书在出版过程中得到了许多教授、研究阿里巴巴以及马云创业经验的专家、业内人士以及出版社编辑的大力支持和热心帮助，在此表示衷心的谢意。由于时间仓促，书中纰漏难免，欢迎读者批评指正。在本书写作过程中，作者查阅、参考了与马云和阿里巴巴集团有关的大量文献和作品，并从中得到了不少启悟，也借鉴了许多非常有价值的观点及案例。但由于资料来源广泛，写作时间仓促，部分资料未能（正确）注明来源及联系版权拥有者并支付稿酬，希望相关版权拥有者见到本声明后及时与我们联系，我们都将按国家有关规定向版权拥有者支付稿酬。在此，表示深深的歉意与感谢。

周锡冰

2017 年 4 月 10 日于北京